Kċina Asiżjatika 2023

Ħażna ta' Viżitazzjoni fil-Gwida ta' Kċina Awtentiċi

Jasmine Xu

Werrej

Ħaruf Pikkanti fil-Jogurt u Żagħfran 18
    Ingredjenti 18
    Metodu 19
Ħaruf bil-Ħxejjex 20
    Ingredjenti 20
    Metodu 21
Curry taċ-ċanga bil-patata 22
    Ingredjenti 22
    Metodu 23
Ħaruf Pikkanti Masala 24
    Ingredjenti 24
    Metodu 25
Rogan Josh 26
    Ingredjenti 26
    Metodu 27
Spare Ribs tal-Majjal Grilled 28
    Ingredjenti 28
    Metodu 28
Ċanga bil-Ħalib tal-Coconut 29
    Isservi 4 29
    Ingredjenti 29
    Metodu 30
Kebab tal-Majjal 31

- Ingredjenti ... 31
- Metodu ... 31
- Ċanga Chilli Fry ... 32
  - Ingredjenti ... 32
  - Metodu ... 33
- Bajd Skoċċiż taċ-ċanga ... 34
  - Ingredjenti ... 34
  - Metodu ... 34
- Ċanga Niexfa Stil Malabar ... 35
  - Ingredjenti ... 35
  - Għat-taħlita tal-ħwawar: ... 35
  - Metodu ... 36
- Chops tal-ħaruf Moghlai ... 37
  - Ingredjenti ... 37
  - Metodu ... 37
- Ċanga bil-Okra ... 38
  - Ingredjenti ... 38
  - Metodu ... 39
- Ċanga Baffad ... 40
  - Ingredjenti ... 40
  - Metodu ... 41
- Badami Gosht ... 42
  - Ingredjenti ... 42
  - Metodu ... 43
- Indjan Roast Beef ... 44
  - Ingredjenti ... 44
  - Metodu ... 45

Khatta Pudina Chops 46
    Ingredjenti 46
    Metodu 47
Steak taċ-Ċanga Indjana 48
    Ingredjenti 48
    Metodu 48
Ħaruf fl-Aħdar Gravy 49
    Ingredjenti 49
    Metodu 50
Ħaruf Faċli Kapuljat 51
    Ingredjenti 51
    Metodu 51
Sorpotel tal-majjal 52
    Ingredjenti 52
    Metodu 53
Ħaruf imnaddfin 54
    Ingredjenti 54
    Metodu 54
Haleem 55
    Ingredjenti 55
    Metodu 56
Chops tal-muntun Masala aħdar 57
    Ingredjenti 57
    Metodu 58
Fwied tal-Ħaruf Fenugreek 59
    Ingredjenti 59
    Metodu 59

Ċanga Hussaini 60
   Ingredjenti 60
   Għat-taħlita tal-ħwawar: 60
   Metodu 61

Ħaruf Methi 62
   Ingredjenti 62
   Metodu 63

Ċanga Indad 64
   Ingredjenti 64
   Għat-taħlita tal-ħwawar: 64
   Metodu 65

Casserole tal-ħaruf 66
   Ingredjenti 66
   Metodu 66

Ħaruf bit-togħma tal-kardamomu 67
   Ingredjenti 67
   Metodu 68

Kheema 69
   Ingredjenti 69
   Metodu 69

Fry tal-majjal pikkanti 70
   Ingredjenti 70
   Għat-taħlita tal-ħwawar: 70
   Metodu 71

Tandoori Raan 72
   Ingredjenti 72
   Metodu 73

Ħaruf Talaa 74
    Ingredjenti 74
    Għat-taħlita tal-ħwawar: 74
    Metodu 75
Ilsien Braised 76
    Ingredjenti 76
    Metodu 77
Rolls tal-muntun moqli 78
    Ingredjenti 78
    Metodu 79
Fwied Masala Fry 80
    Ingredjenti 80
    Metodu 81
Ilsien taċ-ċanga pikkanti 82
    Ingredjenti 82
    Metodu 83
Ħaruf Pasandas 84
    Ingredjenti 84
    Metodu 84
Curry tal-ħaruf u tat-tuffieħ 85
    Ingredjenti 85
    Metodu 86
Mutton Niexef stil Andhra 87
    Ingredjenti 87
    Metodu 87
Curry Sempliċi taċ-Ċanga 88
    Ingredjenti 88

Metodu.. 88
Gosht Korma 89
    Ingredjenti.. 89
    Metodu.. 90
Erachi Chops... 91
    Ingredjenti.. 91
    Metodu.. 92
Kapuljat Moħmi... 93
    Ingredjenti.. 93
    Metodu.. 93
Kaleji Do Pyaaza 94
    Ingredjenti.. 94
    Metodu.. 95
Ħaruf fuq l-għadam 96
    Ingredjenti.. 96
    Metodu.. 97
Ċanga Vindaloo 98
    Ingredjenti.. 98
    Metodu.. 99
Curry taċ-ċanga 100
    Ingredjenti.. 100
    Metodu.. 101
Muntan bil-Qara... 102
    Ingredjenti.. 102
    Metodu.. 103
Gushtaba 104
    Ingredjenti.. 104

Metodu	105
Muntan bil-Ħodor Imħallta u Ħwawar	106
Ingredjenti	106
Metodu	107
Ħaruf tal-lumi	108
Ingredjenti	108
Metodu	109
Ħaruf Pasanda bil-Lewż	110
Ingredjenti	110
Metodu	111
Majjal Zalzett Chilli Fry	112
Ingredjenti	112
Metodu	113
Mutton Shah Jahan	114
Ingredjenti	114
Għat-taħlita tal-ħwawar:	114
Metodu	115
Piżelli Pulao	115
Ingredjenti	115
Metodu	115
Tiġieġ Pulao	117
Ingredjenti	117
Metodu	118
Vaangi Bhaat	119
Ingredjenti	119
Metodu	120
Piżelli u Faqqiegħ Pulao	121

Ingredjenti 121
Metodu 121
Pulao aħdar 123
Ingredjenti 123
Metodu 124
Pulao Festiv 125
Ingredjenti 125
Metodu 126
Pulihora 127
Ingredjenti 127
Metodu 128
Tadka Ross 129
Ingredjenti 129
Metodu 129
Cous Cous Biryani 130
Ingredjenti 130
Metodu 131
Ross tal-faqqiegħ 132
Ingredjenti 132
Metodu 133
Ross Sempliċi tal-Coconut 134
Ingredjenti 134
Metodu 134
Pulao imħallat 135
Ingredjenti 135
Metodu 136
Ross tal-lumi 137

Ingredjenti ... 137
Metodu ... 138
Ross Manipuri ... 139
    Ingredjenti ... 139
    Metodu ... 140
Ġulġlien Pulao ... 141
    Ingredjenti ... 141
    Metodu ... 141
Khichuri ... 142
    Ingredjenti ... 142
    Metodu ... 143
Ross Isfar ... 144
    Ingredjenti ... 144
    Metodu ... 144
Chingri Mache Bhaat ... 145
    Ingredjenti ... 145
    Metodu ... 145
Karrotti u Bżar Aħdar Ross ... 146
    Ingredjenti ... 146
    Metodu ... 147
Thakkali Saadham ... 148
    Ingredjenti ... 148
    Metodu ... 149
Palak Pulao ... 150
    Ingredjenti ... 150
    Metodu ... 151
Lemon Grass & Green Chilli Pulao ... 152

Ingredjenti 152
Metodu 152
Ross tat-tadam u tal-basal tar-rebbiegħa 153
Ingredjenti 153
Metodu 153
Sofiyani Pulao 155
Ingredjenti 155
Għall-immarinar: 155
Metodu 156
Ross Moqli Indjan 157
Ingredjenti 157
Metodu 157
Peshawari Biryani 158
Ingredjenti 158
Metodu 159
Dill Pulao 160
Ingredjenti 160
Metodu 161
Mutton Pulao 162
Ingredjenti 162
Għat-taħlita tal-ħwawar: 162
Metodu 163
Ghee Chawal 164
Ingredjenti 164
Metodu 164
Enn Pongal 165
Ingredjenti 165

Metodu 166
Paneer Pulao 167
    Ingredjenti 167
    Metodu 168
Ross tal-ġewż tal-Indi 169
    Ingredjenti 169
    Metodu 169
Żagħfran Pulao 171
    Ingredjenti 171
    Metodu 171
Ħallat Ross Dhal 172
    Ingredjenti 172
    Metodu 173
Kairi Bhaat 174
    Ingredjenti 174
    Metodu 175
Gamblu Khichdi 176
    Ingredjenti 176
    Metodu 177
Ross tal-Baqta 178
    Ingredjenti 178
    Metodu 179
Tiġieġ u Ross Hotpot 180
    Ingredjenti 180
    Metodu 181
Corn Pulao 182
    Ingredjenti 182

Metodu 183
Dhansak Ross 184
    Ingredjenti 184
    Metodu 184
Ross kannella 186
    Ingredjenti 186
    Metodu 186
Mutton Biryani 187
    Ingredjenti 187
    Għall-immarinar: 187
    Metodu 188
Faada-ni-Khichdi 189
    Ingredjenti 189
    Metodu 190
Urad Dhal Roti 191
    Ingredjenti 191
    Metodu 192
Murgh-Methi-Malai Paratha 193
    Ingredjenti 193
    Metodu 194
Meethi Puri 195
    Ingredjenti 195
    Metodu 195
Kulcha 197
    Ingredjenti 197
    Metodu 197
Tewm u Ġobon Naan 198

- Ingredjenti 198
- Metodu 199
- Tri-flour Roti 200
  - Ingredjenti 200
  - Metodu 200
- Sheera Chapatti 202
  - Ingredjenti 202
  - Metodu 202
- Bhakri 204
  - Ingredjenti 204
  - Metodu 204
- Chapatti 205
  - Ingredjenti 205
  - Metodu 205
- Ross u Coconut Roti 206
  - Ingredjenti 206
  - Metodu 206
- Bajda Paratha 207
  - Ingredjenti 207
  - Metodu 207
- Onion Paneer Kulcha 209
  - Ingredjenti 209
  - Metodu 209
- Gobi Paratha 210
  - Ingredjenti 210
  - Metodu 211
- Dqiq Imħallat Roti 212

Ingredjenti 212

Metodu 213

Theplas 214

Ingredjenti 214

Metodu 215

Puri 216

Ingredjenti 216

Metodu 216

Curry tat-Tiġieġ Sempliċi 217

Ingredjenti 217

Metodu 217

Curry tat-Tiġieġ Qassam 219

Ingredjenti 219

Metodu 220

Ħaruf Pikkanti fil-Jogurt u Żagħfran

Isservi 4

Ingredjenti

5 tbsp ghee

1 tsp pejst tal-ġinġer

1 tsp pejst tat-tewm

675g/1½ lb ħaruf bla għadam, imqatta' f'biċċiet ta' 3.5cm/1½in

Melħ għat-togħma

750ml/1¼ pinta ilma

4 basal kbir, imqatta'

1 tsp trab tal-bżar

1 tsp garam masala

1 tbsp zokkor ismar, maħlul f'2 tbsp ilma

3 chilli aħdar, qasma fit-tul

30g/1oz lewż mitħun

400g/14oz jogurt Grieg, imsaffi

10g/¼oz weraq tal-kosbor, imqatta' fin

½ tbsp żagħfran, maħlul f'2 tbsp ħalib

Metodu

- Saħħan nofs il-ghee ġo kazzola. Żid il-pejst tal-ġinġer u l-pejst tat-tewm. Aqli fuq nar medju għal 1-2 minuti.

- Żid il-ħaruf u l-melħ. Fry għal 5-6 minuti.

- Żid l-ilma u ħawwad sew. Għatti b'għatu u ħalliha ttektek għal 40 minuta, ħawwad kultant. Imwarrab.

- Saħħan il-ghee li jkun fadal f'kazzola oħra. Żid il-basal u aqlih fuq nar medju sakemm isiru trasluċidi.

- Żid it-trab tal-bżar, il-garam masala, l-ilma taz-zokkor, il-bżar aħdar u l-lewż mitħun. Kompli aqli għal minuta.

- Żid il-jogurt u ħawwad sew. Sajjar it-taħlita għal 6-7 minuti, ħawwad sew.

- Żid din it-taħlita mat-taħlita tal-ħaruf. Hallat sew. Għatti b'għatu u ħalliha ttektek għal 5 minuti, ħawwad kultant.

- Żejjen bil-weraq tal-kosbor u ż-żagħfran. Servi sħun.

Ħaruf bil-Ħxejjex

Isservi 4

Ingredjenti

675g/1½ lb ħaruf, imqatta' f'biċċiet ta' 2.5cm/1in

Melħ għat-togħma

½ tsp bżar iswed mitħun

5 tbsp żejt veġetali raffinat

2 weraq tar-rand

4 imżiewed tal-kardamomu aħdar

4 imsiemer tal-qronfol

2.5cm/1in kannella

2 basal kbar, imqattgħin fin

1 tsp turmeric

1 tbsp kemmun mitħun

1 tsp trab tal-bżar

1 tsp pejst tal-ġinġer

1 tsp pejst tat-tewm

2 tadam, imqatta 'b'mod fin

200g/7oz piżelli

1 tsp żerriegħa tal-fenugreek

Fjuri tal-pastard 200g/7oz

500ml/16fl oz ilma

200g/7oz jogurt

10g/¼oz weraq tal-kosbor, imqatta' fin

Metodu

- Immarina l-ħaruf bil-melħ u l-bżar għal 30 minuta.

- Saħħan iż-żejt ġo kazzola. Żid il-weraq tar-rand, il-kardamomu, il-qronfol u l-kannella. Ħallihom splutter għal 30 sekonda.

- Żid il-basal, turmeric, kemmun mitħun, trab tal-bżar, pejst tal-ġinġer u pejst tat-tewm. Aqlihom fuq nar medju għal 1-2 minuti.

- Żid il-ħaruf immarinat u aqli għal 6-7 minuti, ħawwad kultant.

- Żid it-tadam, il-piżelli, iż-żerriegħa tal-fenugreek u l-fjorituri tal-pastard. Qalji għal 3-4 minuti.

- Żid l-ilma u ħawwad sew. Għatti b'għatu u ħalliha ttektek għal 20 minuta.

- Ikxef it-taġen u żid il-jogurt. Ħawwad sewwa għal minuta, erġa' għatti u ħalliha ttektek għal 30 minuta, waqt li ħawwad kultant.

- Żejjen bil-weraq tal-kosbor. Servi sħun.

Curry taċ-ċanga bil-patata

Isservi 4

Ingredjenti

6 bżar iswed

3 imsiemer tal-qronfol

2 miżwed tal-kardamomu iswed

2.5cm/1in kannella

1 tsp żerriegħa tal-kemmun

4 tbsp żejt veġetali raffinat

3 basal kbar, imqattgħin fin

¼ tsp turmeric

1 tsp trab tal-bżar

1 tsp pejst tal-ġinġer

1 tsp pejst tat-tewm

750g/1lb 10oz ċanga, ikkapuljat

2 tadam, imqatta 'b'mod fin

3 patata kbira, imqatta'

½ tsp garam masala

1 tbsp meraq tal-lumi

Melħ għat-togħma

1 litru/1¾ pinta ilma

1 tbsp weraq tal-kosbor, imqatta fin

Metodu

- Itħan il-bżar, il-qronfol, il-kardamomu, il-kannella u ż-żerriegħa tal-kemmun fi trab fin. Imwarrab.

- Saħħan iż-żejt ġo kazzola. Żid il-basal u aqlih fuq nar medju sakemm isir kannella.

- Żid it-trab tal-bżar-qronfol mitħun, turmeric, trab tal-bżar, pejst tal-ġinġer u pejst tat-tewm. Fry għal minuta.

- Żid il-kapuljat taċ-ċanga u salte għal 5-6 minuti.

- Żid it-tadam, il-patata u l-garam masala. Ħallat sew u sajjar għal 5-6 minuti.

- Żid il-meraq tal-lumi, il-melħ u l-ilma. Għatti b'għatu u ħalliha ttektek għal 45 minuta, ħawwad kultant.

- Żejjen bil-weraq tal-kosbor. Servi sħun.

Ħaruf Pikkanti Masala

Isservi 4

Ingredjenti

675g/1½ lb ħaruf, imqatta'

3 basal kbir, imqatta'

750ml/1¼ pinta ilma

Melħ għat-togħma

4 tbsp żejt veġetali raffinat

4 weraq tar-rand

¼ tsp żerriegħa tal-kemmun

¼ tsp żerriegħa tal-mustarda

1 tsp pejst tal-ġinġer

1 tsp pejst tat-tewm

2 ċajli ħodor, imqattgħin fin

1 tbsp karawett, mitħun

1 tbsp chana dhal*, niexef inkaljat u mitħun

1 tsp trab tal-bżar

¼ tsp turmeric

1 tsp garam masala

Meraq ta '1 lumi

50g/1¾oz weraq tal-kosbor, imqatta' fin

Metodu

- Hallat il-ħaruf mal-basal, l-ilma u l-melħ. Sajjar din it-taħlita ġo kazzola fuq nar medju għal 40 minuta. Imwarrab.

- Saħħan iż-żejt ġo kazzola. Żid il-weraq tar-rand, iż-żerriegħa tal-kemmun u ż-żerriegħa tal-mustarda. Hallihom splutter għal 30 sekonda.

- Żid il-pejst tal-ġinġer, il-pejst tat-tewm u ċ-chillies aħdar. Aqlihom fuq nar medju għal minuta, waqt li tħawwad kontinwament.

- Żid il-karawett mitħun, chana dhal, trab tal-bżar, turmeric u garam masala. Kompli aqli għal 1-2 minuti.

- Żid it-taħlita tal-ħaruf. Hallat sew. Għatti b'għatu u ħalliha ttektek għal 45 minuta, ħawwad kultant.

- Roxx il-meraq tal-lumi u l-weraq tal-kosbor fuq nett u servi sħun.

Rogan Josh

(Kashmiri Lamb Curry)

Isservi 4

Ingredjenti

Meraq ta '1 lumi

200g/7oz jogurt

Melħ għat-togħma

750g/1lb 10oz ħaruf, imqatta' f'biċċiet ta' 2.5cm/1in

75g/2½ oz ghee flimkien ma' żejjed għall-qali fil-fond

2 basal kbar, imqatta 'b'mod fin

2.5cm/1in kannella

3 imsiemer tal-qronfol

4 imżiewed tal-kardamomu aħdar

1 tsp pejst tal-ġinġer

1 tsp pejst tat-tewm

1 tsp kosbor mitħun

1 tsp kemmun mitħun

3 tadam kbir, imqatta fin

750ml/1¼ pinta ilma

10g/¼oz weraq tal-kosbor, imqatta' fin

Metodu

- Ħallat flimkien il-meraq tal-lumi, il-jogurt u l-melħ. Immarina l-ħaruf b'din it-taħlita għal siegħa.

- Saħħan il-ghee għall-qali fil-fond f'taġen. Żid il-basal u aqlih fuq nar medju sakemm isir kannella dehbi. Ixxotta u warrab.

- Saħħan il-ghee li jkun fadal f'kazzola. Żid il-kannella, il-qronfol u l-kardamomu. Ħallihom splutter għal 15-il sekonda.

- Żid il-ħaruf immarinat u aqli fuq nar medju għal 6-7 minuti.

- Żid il-pejst tal-ġinġer u l-pejst tat-tewm. Qalji għal 2 minuti.

- Żid il-kosbor mitħun, kemmun mitħun u tadam, ħawwad sew u sajjar għal minuta oħra.

- Żid l-ilma. Għatti b'għatu u ħalliha ttektek għal 40 minuta, ħawwad kultant.

- Żejjen bil-weraq tal-kosbor u l-basal moqli. Servi sħun.

Spare Ribs tal-Majjal Grilled

Isservi 4

Ingredjenti

6 chilli aħdar

5cm/2in ġinġer tal-għeruq

15-il sinna tat-tewm

¼ papaya żgħira mhux ipproċessata, mitħun

200g/7oz jogurt

2 tbsp żejt veġetali raffinat

2 tbsp meraq tal-lumi

Melħ għat-togħma

750g/1lb 10oz spare kustilji, imqatta 'f'4 biċċiet

Metodu

- Itħan il-bżar aħdar, il-ġinġer, it-tewm u l-papajja nej b'ilma biżżejjed biex tifforma pejst ħoxnin.

- Ħallat din il-pejst mal-bqija tal-ingredjenti, ħlief il-kustilji. Immarina l-kustilji b'din it-taħlita għal 4 sigħat.

- Grill il-kustilji immarinati għal 40 minuta, iddawwar kultant. Servi sħun.

Ċanga bil-Ħalib tal-Coconut

Isservi 4

Ingredjenti

5 tbsp żejt veġetali raffinat

675g/1½ lb taċ-ċanga, imqatta' fi strixxi ta' 5cm/2in

3 basal kbar, imqattgħin fin

8 sinniet tat-tewm, imqattgħin fin

2.5cm/1in ġinġer għerq, imqatta 'b'mod fin

2 chilli aħdar, qasma fit-tul

2 tsp kosbor mitħun

2 tsp kemmun mitħun

2.5cm/1in kannella

Melħ għat-togħma

500ml/16fl oz ilma

500ml/16fl oz ħalib tal-ġewż

Metodu

- Saħħan 3 tbsp żejt ġo taġen. Żid l-istrixxi taċ-ċanga f'lottijiet u aqli fuq nar baxx għal 12-15-il minuta, dawwar kultant. Ixxotta u warrab.

- Saħħan iż-żejt li jifdal ġo kazzola. Żid il-basal, it-tewm, il-ġinġer u ċ-chillies aħdar. Aqli fuq nar medju għal 2-3 minuti.

- Żid l-istrixxi taċ-ċanga moqli, il-kosbor mitħun, kemmun mitħun, kannella, melħ u ilma. Ttektek għal 40 minuta.

- Żid il-ħalib tal-ġewż. Sajjar għal 20 minuta, ħawwad spiss. Servi sħun.

Kebab tal-Majjal

Isservi 4

Ingredjenti

100ml/3½fl oz żejt tal-mustarda

3 tbsp meraq tal-lumi

1 basla żgħira, mitħun

2 tsp pejst tat-tewm

1 tsp trab tal-mustarda

1 tsp bżar iswed mitħun

Melħ għat-togħma

600g/1lb 5oz majjal bla għadam, imqatta' f'biċċiet ta' 3.5cm/1½ in

Metodu

- Hallat l-ingredjenti kollha, ħlief il-majjal, flimkien. Immarina l-majjal b'din it-taħlita matul il-lejl.

- Skedded il-majjal immarinat u grill għal 30 minuta. Servi sħun.

Ċanga Chilli Fry

Isservi 4

Ingredjenti

750g/1lb 10oz ċanga, imqatta' f'biċċiet ta' 2.5cm/1in

6 bżar iswed

3 basal kbir, imqatta'

1 litru/1¾ pinta ilma

Melħ għat-togħma

4 tbsp żejt veġetali raffinat

2.5cm/1in ġinġer għerq, imqatta 'b'mod fin

8 sinniet tat-tewm, imqattgħin fin

4 chilli aħdar

1 tbsp meraq tal-lumi

50g/1¾oz weraq tal-kosbor

Metodu

- Ħallat iċ-ċanga mal-bżar, basla 1, ilma u melħ. Sajjar din it-taħlita ġo kazzola fuq nar medju għal 40 minuta. Ixxotta u warrab. Irriżerva l-istokk.

- Saħħan iż-żejt ġo kazzola. Aqli l-basal li jifdal fuq nar medju sakemm kannella. Żid il-ġinġer, it-tewm u ċ-chillies aħdar. Fry għal 4-5 minuti.

- Żid il-meraq tal-lumi u t-taħlita taċ-ċanga. Kompli sajjar għal 7-8 minuti. Żid l-istokk riżervat.

- Għatti b'għatu u ħalliha ttektek għal 40 minuta, ħawwad kultant. Żid il-weraq tal-kosbor u ħawwad sewwa. Servi sħun.

Bajd Skoċċiż taċ-ċanga

Isservi 4

Ingredjenti

500g/1lb 2oz ċanga, ikkapuljat

Melħ għat-togħma

1 litru/1¾ pinta ilma

3 tbsp besan*

1 bajda, imħallta

25g/scant 1oz weraq mint, imqatta fin

25g/scant 1oz weraq tal-kosbor, imqatta

8 bajd iebes

Żejt veġetali raffinat għall-qali fil-fond

Metodu

- Hallat iċ-ċanga mal-melħ u l-ilma. Sajjar ġo kazzola fuq nar baxx għal 45 minuta. Itħan għal pejst u ħallat mal-weraq tal-besan, tal-bajd imħallat, tal-mint u tal-kosbor. Kebbeb din it-taħlita madwar il-bajd mgħolli.
- Saħħan iż-żejt ġo taġen. Żid il-bajd imgeżwer u aqlih fuq nar medju sakemm isir kannella dehbi. Servi sħun.

Ċanga Niexfa Stil Malabar

Isservi 4

Ingredjenti

675g/1½ lb ċanga, imqatta'

4 tbsp żejt veġetali raffinat

3 basal kbir, imqatta'

1 tadam, imqatta' fin

100g/3½ oz coconut imnixxef

1 tsp trab tal-bżar

1 tsp garam masala

1 tsp kosbor mitħun

1 tsp kemmun mitħun

Melħ għat-togħma

1 litru/1¾ pinta ilma

Għat-taħlita tal-ħwawar:

3.5 ċm/1½ in ġinġer għerq

6 chilli aħdar

1 tbsp kosbor mitħun

10 weraq tal-curry

1 tbsp pejst tat-tewm

Metodu

- Itħan l-ingredjenti kollha tat-taħlita tal-ħwawar flimkien biex tifforma pejst oħxon. Immarina ċ-ċanga ma' din it-taħlita għal siegħa.
- Saħħan iż-żejt ġo kazzola. Aqli l-basal fuq nar medju sa kannella. Żid il-laħam u aqli għal 6-7 minuti.
- Żid l-ingredjenti li jifdal. Ttektek għal 40 minuta u servi sħun.

Chops tal-ħaruf Moghlai

Isservi 4

Ingredjenti

5cm/2in ġinġer tal-għeruq

8 sinniet tat-tewm

6 chilli aħmar niexef

2 tsp meraq tal-lumi

Melħ għat-togħma

8 chops tal-ħaruf, imfarrak u ċċattjati

150g/5½ oz ghee

2 patata kbira, imqatta u moqlija

2 basal kbar

Metodu

- Itħan il-ġinġer, it-tewm u l-bżar aħmar bil-meraq tal-lumi, il-melħ u biżżejjed ilma biex tifforma pejst lixx. Immarina ċ-chops b'din it-taħlita għal 4-5 sigħat.
- Saħħan il-ghee f'taġen. Żid il-chops immarinat u aqli fuq nar medju għal 8-10 minuti.
- Żid il-basal u l-patata moqlija. Sajjar għal 15-il minuta. Servi sħun.

Ċanga bil-Okra

Isservi 4

Ingredjenti

4½ tbsp żejt veġetali raffinat

200g/7oz okra

2 basal kbar, imqattgħin fin

2.5cm/1in ġinġer għerq, imqatta 'b'mod fin

4 sinniet tat-tewm, imqattgħin fin

750g/1lb 10oz ċanga, imqatta' f'biċċiet ta' 2.5cm/1in

4 chilli aħmar imnixxef

1 tbsp kosbor mitħun

½ tbsp kemmun mitħun

1 tsp garam masala

2 tadam, imqatta 'b'mod fin

Melħ għat-togħma

1 litru/1¾ pinta ilma

Metodu

- Saħħan 2 tbsp żejt f'taġen. Żid l-okra u aqli fuq nar medju sakemm iqarmeċ u kannella. Ixxotta u warrab.
- Saħħan iż-żejt li jifdal ġo kazzola. Aqli l-basal fuq nar medju sakemm trasluċidi. Żid il-ġinġer u t-tewm. Fry għal minuta.
- Żid iċ-ċanga. Fry għal 5-6 minuti. Żid l-ingredjenti kollha li fadal u l-okra. Hawwad għal 40 minuta, ħawwad spiss. Servi sħun.

Ċanga Baffad

(Ċanga imsajra bil-Coconut u l-Ħall)

Isservi 4

Ingredjenti

675g/1½ lb ċanga, imqatta'

Melħ għat-togħma

1 litru/1¾ pinta ilma

1 tsp turmeric

½ tsp bżar iswed

½ tsp żerriegħa tal-kemmun

5-6 imsiemer tal-qronfol

2.5cm/1in kannella

12-il sinna tat-tewm, imqatta 'b'mod fin

2.5cm/1in ġinġer għerq, imqatta 'b'mod fin

100g/3½ oz coconut frisk, maħkuk

6 tbsp ħall tax-xgħir

5 tbsp żejt veġetali raffinat

2 basal kbar, imqattgħin fin

Metodu

- Hallat iċ-ċanga mal-melħ u l-ilma u sajjar ġo kazzola fuq nar medju għal 45 minuta, ħawwad kultant. Imwarrab.
- Itħan flimkien l-ingredjenti li jifdal, ħlief iż-żejt u l-basal.
- Saħħan iż-żejt ġo kazzola. Żid it-taħlita mitħun u l-basal.
- Aqli fuq nar medju għal 3-4 minuti. Żid it-taħlita taċ-ċanga. Hawwad għal 20 minuta, ħawwad kultant. Servi sħun.

Badami Gosht

(Ħaruf bil-Lewż)

Isservi 4

Ingredjenti

5 tbsp ghee

3 basal kbar, imqattgħin fin

12-il sinna tat-tewm, imfarrak

3.5cm/1½in ġinġer ta' l-għeruq, imqatta' fin

750g/1lb 10oz ħaruf, imqatta

75g/2½ oz lewż mitħun

1 tbsp garam masala

Melħ għat-togħma

250g/9oz jogurt

360ml/12fl oz ħalib tal-ġewż

500ml/16fl oz ilma

Metodu

- Saħħan il-ghee ġo kazzola. Żid l-ingredjenti kollha, ħlief il-jogurt, il-ħalib tal-ġewż u l-ilma. Ħallat sew. Qalji fuq nar baxx għal 10 minuti.
- Żid l-ingredjenti li jifdal. Ttektek għal 40 minuta. Servi sħun.

Indjan Roast Beef

Isservi 4

Ingredjenti

30g/1oz ġobon Cheddar, maħkuk

½ tsp bżar iswed mitħun

1 tsp trab tal-bżar

10g/¼oz weraq tal-kosbor, imqatta

10g/¼oz weraq mint, imqatta' fin

1 tsp pejst tal-ġinġer

1 tsp pejst tat-tewm

25g/scant 1oz frak tal-ħobż

1 bajda, imħallta

Melħ għat-togħma

675g/1½ lb ċanga bla għadam, ċċattjata u mqatta' fi 8 biċċiet

5 tbsp żejt veġetali raffinat

500ml/16fl oz ilma

Metodu

- Hallat flimkien l-ingredjenti kollha, ħlief il-laħam, iż-żejt u l-ilma.
- Applika din it-taħlita fuq naħa waħda ta' kull biċċa ċanga. Irrombla kull waħda u orbot bi spag biex tissiġilla.
- Saħħan iż-żejt ġo kazzola. Żid ir-rombli u aqli fuq nar medju għal 8 minuti. Żid l-ilma u ħawwad sew. Ttektek għal 30 minuta. Servi sħun.

Khatta Pudina Chops

(Chulet tan-Żekgħa)

Isservi 4

Ingredjenti

1 tsp kemmun mitħun

1 tbsp bżar abjad mitħun

2 tsp garam masala

5 tsp meraq tal-lumi

4 tbsp krema waħda

150g/5½ oz jogurt

250ml/8fl oz chutney mint

2 tbsp cornflour

¼ papaya żgħira, mitħun

1 tbsp pejst tat-tewm

1 tbsp pejst tal-ġinġer

1 tsp fenugreek mitħun

Melħ għat-togħma

675g/1½ lb chops tal-ħaruf

Żejt veġetali raffinat għall-basting

Metodu

- Ħallat flimkien l-ingredjenti kollha, ħlief il-chops tal-ħaruf u ż-żejt. Immarina ċ-chops b'din it-taħlita għal 5 sigħat.
- Baste l-chops biż-żejt u grill għal 15-il minuta. Servi sħun.

Steak taċ-Ċanga Indjana

Isservi 4

Ingredjenti

675g/1½ lb ċanga, imqatta' għal steaks

3.5cm/1½in ġinġer ta' l-għeruq, imqatta' fin

12-il sinna tat-tewm, imqatta 'b'mod fin

2 tbsp bżar iswed mitħun

4 basal ta' daqs medju, imqatta' fin

4 chillies ħodor, imqattgħin fin

3 tbsp ħall

750ml/1¼ pinta ilma

Melħ għat-togħma

5 tbsp żejt veġetali raffinat flimkien ma 'żejjed għall-qali

Metodu

- Ħallat flimkien l-ingredjenti kollha, ħlief iż-żejt għall-qali, ġo kazzola.
- Għatti b'għatu issikkat u ħalliha ttektek għal 45 minuta, waqt li ħawwad kultant.
- Saħħan iż-żejt li jkun fadal ġo taġen. Żid it-taħlita tal-steaks imsajjar u slajja fuq nar medju għal 5-7 minuti, dawwar kultant. Servi sħun.

Ħaruf fl-Aħdar Gravy

Isservi 4

Ingredjenti

4 tbsp żejt veġetali raffinat

3 basal kbir, maħkuk

1½ tsp pejst tal-ġinġer

1 tsp pejst tat-tewm

675g/1½ lb ħaruf, imqatta' f'biċċiet ta' 2.5cm/1in

½ tsp kannella mitħun

½ tsp imsiemer tal-qronfol mitħun

½ tsp kardamomu iswed mitħun

6 chilli aħmar niexef, mitħun

2 tsp kosbor mitħun

½ tsp kemmun mitħun

10g/¼oz weraq tal-kosbor, imqatta' fin

4 tadam, purè

Melħ għat-togħma

500ml/16fl oz ilma

Metodu

- Saħħan iż-żejt ġo kazzola. Żid il-basal, il-pejst tal-ġinġer u l-pejst tat-tewm. Aqli fuq nar medju għal 2-3 minuti.

- Żid l-ingredjenti kollha li jifdal, ħlief l-ilma. Hallat sew u aqli għal 8-10 minuti. Żid l-ilma. Għatti b'għatu u ħalliha ttektek għal 40 minuta, ħawwad kultant. Servi sħun.

Ħaruf Faċli Kapuljat

Isservi 4

Ingredjenti

3 tbsp żejt tal-mustarda

2 basal kbar, imqattgħin fin

Ġinġer ta 'l-għeruq ta' 7.5cm/3in, imqatta 'b'mod fin

2 tsp bżar iswed mitħun oħxon

2 tsp kemmun mitħun

Melħ għat-togħma

1 tsp turmeric

750g/1lb 10oz kapuljat tal-ħaruf

500ml/16fl oz ilma

Metodu

- Saħħan iż-żejt ġo kazzola. Żid il-basal, il-ġinġer, il-bżar, il-kemmun mitħun, il-melħ u t-turmeric. Fry għal 2 minuti. Żid il-kapuljat. Fry għal 8-10 minuti.
- Żid l-ilma. Ħallat sew u ħalliha ttektek għal 30 minuta. Servi sħun.

Sorpotel tal-majjal

(Fwied tal-Majjal imsajjar f'Goan Gravy)

Isservi 4

Ingredjenti

250ml/8fl oz ħall tax-xgħir

8 chilli aħmar niexef

10 bżar iswed

1 tsp żerriegħa tal-kemmun

1 tbsp żerriegħa tal-kosbor

1 tsp turmeric

500g/1lb 2oz majjal

250g/9oz fwied

Melħ għat-togħma

1 litru/1¾ pinta ilma

120ml/4fl oz żejt veġetali raffinat

Ġinġer ta' l-għeruq ta' 5cm/2in, imqatta' fin

20 sinna tat-tewm, imqatta 'b'mod fin

6 chilli aħdar, qasma fit-tul

Metodu

- Itħan nofs il-ħall mal-bżar aħmar, il-bżar, iż-żerriegħa tal-kemmun, iż-żerriegħa tal-kosbor u t-turmeric għal pejst fin. Imwarrab.
- Hallat il-majjal u l-fwied mal-melħ u l-ilma. Sajjar fi kazzola għal 30 minuta. Ixxotta u rriżerva l-istokk. Qatta l-majjal u l-fwied. Imwarrab.
- Saħħan iż-żejt ġo kazzola. Żid il-laħam imqatta' u aqli fuq nar baxx għal 12-il minuta. Żid il-pejst u l-ingredjenti kollha li fadal. Hallat sew.
- Fry għal 15-il minuta. Żid l-istokk. Ttektek għal 15-il minuta. Servi sħun.

Ħaruf imnaddfin

Isservi 4

Ingredjenti

750g/1lb 10oz ħaruf, imqatta' fi strixxi rqaq

Melħ għat-togħma

1 litru/1¾ pinta ilma

6 tbsp żejt veġetali raffinat

1 tsp turmeric

4 tbsp meraq tal-lumi

2 tbsp kemmun mitħun, inkaljat niexef

4 tbsp żerriegħa tal-ġulġlien mitħun

Ġinġer ta 'l-għeruq ta' 7.5cm/3in, imqatta 'b'mod fin

12-il sinna tat-tewm, imqatta 'b'mod fin

Metodu

- Ħallat il-ħaruf mal-melħ u l-ilma, u sajjar ġo kazzola fuq nar medju għal 40 minuta. Ixxotta u warrab.
- Saħħan iż-żejt ġo taġen. Żid il-ħaruf u deep fry fuq nar medju għal 10 minuti. Ixxotta u ħallat mal-bqija tal-ingredjenti. Servi kiesaħ.

Haleem

(Munton imsajjar stil Persjan)

Isservi 4

Ingredjenti

500g/1lb 2oz qamħ, mxarrba għal 2-3 sigħat u imsaffi

1.5 litri/2¾ pints ilma

Melħ għat-togħma

500g/1lb 2oz muntun, imqatta' f'kudi

4-5 tbsp ghee

3 basal kbir, imqatta'

1 tsp pejst tal-ġinġer

1 tsp pejst tat-tewm

1 tsp turmeric

1 tsp garam masala

Metodu

- Ħallat il-qamħ ma '250ml/8fl oz ilma u ftit melħ. Sajjar fi kazzola fuq nar medju għal 30 minuta. Maxx sew u warrab.
- Sajjar il-muntun mal-bqija tal-ilma u l-melħ ġo kazzola għal 45 minuta. Ixxotta u itħan għal pejst fin. Irriżerva l-istokk.
- Saħħan il-ghee. Aqli l-basal fuq nar baxx sakemm kannella. Żid il-pejst tal-ġinġer, il-pejst tat-tewm, it-turmeric u l-laħam mitħun. Fry għal 8 minuti. Żid il-qamħ, l-istokk u l-garam masala. Sajjar għal 20 minuta. Servi sħun.

Chops tal-muntun Masala aħdar

Isservi 4

Ingredjenti

675g/1½ lb chops tal-muntun

Melħ għat-togħma

1 tsp turmeric

500ml/16fl oz ilma

2 tbsp kosbor mitħun

1 tsp kemmun mitħun

1 tbsp pejst tal-ġinġer

1 tbsp pejst tat-tewm

100g/3½ oz weraq tal-kosbor, mitħun

1 tsp meraq tal-lumi

1 tsp bżar iswed mitħun

1 tsp garam masala

60g/2oz dqiq abjad sempliċi

Żejt veġetali raffinat għall-qali

2 bajd, imħallta

50g/1¾oz frak tal-ħobż

Metodu

- Ħallat il-muntun mal-melħ, turmeric u ilma. Sajjar fi kazzola fuq nar medju għal 30 minuta. Ixxotta u warrab.
- Ħallat l-ingredjenti li jifdal, ħlief id-dqiq, iż-żejt, il-bajd u l-frak tal-ħobż.
- Iksi l-chops b'din it-taħlita u trab bid-dqiq.
- Saħħan iż-żejt ġo taġen. Għaddas il-chops fil-bajda, irrombla fil-frak tal-ħobż u aqli baxx sakemm ikun kannella dehbi. Aqleb u rrepeti. Servi sħun.

Fwied tal-Ħaruf Fenugreek

Isservi 4

Ingredjenti

4 tbsp żejt veġetali raffinat

2 basal kbar, imqattgħin fin

¾ tsp pejst tal-ġinġer

¾ tsp pejst tat-tewm

50g/1¾oz weraq fenugreek, imqatta

600g/1lb 5oz fwied tal-ħaruf, imqatta'

3 tadam, imqatta 'b'mod fin

1 tsp garam masala

120ml/4fl oz ilma sħun

1 tbsp meraq tal-lumi

Melħ għat-togħma

Metodu

- Saħħan iż-żejt ġo kazzola. Aqli l-basal fuq nar medju sakemm trasluċidi. Żid il-pejst tal-ġinġer u l-pejst tat-tewm. Fry għal 1-2 minuti.
- Żid il-weraq tal-fenugreek u l-fwied. Qalji għal 5 minuti.
- Żid l-ingredjenti li jifdal. Ttektek għal 40 minuta u servi sħun.

Ċanga Hussaini

(Ċanga imsajra fi Gravy stil Indjan tat-Tramuntana)

Isservi 4

Ingredjenti

4 tbsp żejt veġetali raffinat

675g/1½ lb ċanga, imqatta' fin

125g/4½ oz jogurt

Melħ għat-togħma

750ml/1¼ pinta ilma

Għat-taħlita tal-ħwawar:

4 basal kbir

8 sinniet tat-tewm

2.5cm/1in ġinġer għerq

2 tsp garam masala

1 tsp turmeric

2 tsp kosbor mitħun

1 tsp kemmun mitħun

Metodu

- Itħan flimkien l-ingredjenti tat-taħlita tal-ħwawar għal pejst oħxon.
- Saħħan iż-żejt ġo kazzola. Żid il-pejst u aqliha fuq nar medju għal 4-5 minuti. Żid iċ-ċanga. Hallat sew u aqli għal 8-10 minuti.
- Żid il-jogurt, il-melħ u l-ilma. Hallat sew. Għatti b'għatu u ħalliha ttektek għal 40 minuta, ħawwad kultant. Servi sħun.

Haruf Methi

(Haruf bil-Fnugreek)

Isservi 4

Ingredjenti

120ml/4fl oz żejt veġetali raffinat

1 basla kbira, imqatta' fin

6 sinniet tat-tewm, imqattgħin fin

600g/1lb 5oz ħaruf, imqatta' f'diedi

50g/1¾oz weraq tal-fenugreek frisk, imqatta' fin

½ tsp turmeric

1 tsp kosbor mitħun

125g/4½ oz jogurt

600ml/1 pinta ilma

½ tsp kardamomu aħdar mitħun

Melħ għat-togħma

Metodu

- Saħħan iż-żejt ġo kazzola. Żid il-basla u t-tewm u aqli fuq nar medju għal 4 minuti.
- Żid il-ħaruf. Fry għal 7-8 minuti. Żid l-ingredjenti li jifdal. Ħallat sew u ħalliha ttektek għal 45 minuta. Servi sħun.

Ċanga Indad

(Ċanga imsajra fi Gravy stil Indjan tal-Lvant)

Isservi 4

Ingredjenti

675g/1½ lb ċanga, imqatta'

2.5cm/1in kannella

6 imsiemer tal-qronfol

Melħ għat-togħma

1 litru/1¾ pinta ilma

5 tbsp żejt veġetali raffinat

3 patata kbira, imqatta'

Għat-taħlita tal-ħwawar:

60ml/2fl oz ħall tax-xgħir

3 basal kbar

2.5cm/1in ġinġer għerq

8 sinniet tat-tewm

½ tsp turmeric

2 chilli aħmar niexef

2 tsp żrieragħ kemmun

Metodu

- Hallat iċ-ċanga mal-kannella, il-qronfol, il-melħ u l-ilma. Sajjar fi kazzola fuq nar medju għal 45 minuta. Imwarrab.
- Itħan l-ingredjenti tat-taħlita tal-ħwawar għal pejst oħxon.
- Saħħan iż-żejt ġo kazzola. Żid il-pejst tat-taħlita tal-ħwawar u aqli fuq nar baxx għal 5-6 minuti. Żid iċ-ċanga u l-patata. Hallat sew. Ttektek għal 15-il minuta u servi sħun.

Casserole tal-ħaruf

Isservi 4

Ingredjenti

3 tbsp żejt veġetali raffinat

2 basal kbar, imqattgħin fin

4 sinniet tat-tewm, imqattgħin fin

500g/1lb 2oz ħaruf, ikkapuljat

2 tsp kemmun mitħun

6 tbsp puree tat-tadam

150g/5½ oz fażola fil-laned

250ml/8fl oz stokk tal-laħam

Bżar iswed mitħun għat-togħma

Melħ għat-togħma

Metodu

- Saħħan iż-żejt ġo kazzola. Żid il-basal u t-tewm u aqli fuq nar medju għal 2-3 minuti. Żid il-kapuljat u salte għal 10 minuti. Żid l-ingredjenti li jifdal. Hallat sew u ħalliha ttektek għal 30 minuta.
- Ittrasferixxi għal dixx li jiflaħ għall-forn. Aħmi f'forn f'temperatura ta' 180°C (350°F, Gas Mark 4) għal 25 minuta. Servi sħun.

Ħaruf bit-togħma tal-kardamomu

Isservi 4

Ingredjenti

Melħ għat-togħma

200g/7oz jogurt

1½ tbsp pejst tal-ġinġer

2½ tsp pejst tat-tewm

2 tbsp kardamomu aħdar mitħun

675g/1½ lb ħaruf, imqatta' f'biċċiet ta' 3.5cm/1½in

6 tbsp ghee

6 imsiemer tal-qronfol

7.5cm/3in kannella, mitħun oħxon

4 basal kbir, imqatta' fin

½ tbsp żagħfran, mxarrba f'2 tbsp ħalib

1 litru/1¾ pinta ilma

125g/4½ oz ġewż inkaljat

Metodu

- Ħallat flimkien il-melħ, il-jogurt, il-pejst tal-ġinġer, il-pejst tat-tewm u l-kardamomu. Immarina l-laħam b'din it-taħlita għal sagħtejn.
- Saħħan il-għee ġo kazzola. Żid il-qronfol u l-kannella. Ħallihom splutter għal 15-il sekonda.
- Żid il-basal. Fry għal 3-4 minuti. Żid il-laħam immarinat, iż-żagħfran u l-ilma. Ħallat sew. Għatti b'għatu u ħalliha ttektek għal 40 minuta.
- Servi sħun, imżejjen bil-ġewż.

Kheema

(Ċanga Ikkapuljata)

Isservi 4

Ingredjenti

5 tbsp żejt veġetali raffinat

4 basal kbir, imqatta' fin

1 tsp pejst tal-ġinġer

1 tsp pejst tat-tewm

3 tadam, imqatta 'b'mod fin

2 tsp garam masala

200g/7oz piżelli ffriżati

Melħ għat-togħma

675g/1½ lb ċanga, ikkapuljat

500ml/16fl oz ilma

Metodu

- Saħħan iż-żejt ġo kazzola. Żid il-basal u aqli fuq nar medju sa kannella. Żid il-pejst tal-ġinġer, il-pejst tat-tewm, it-tadam, il-garam masala, il-piżelli u l-melħ. Hallat sew. Fry għal 3-4 minuti.
- Żid iċ-ċanga u l-ilma. Hallat sew. Ttektek għal 40 minuta u servi sħun.

Fry tal-majjal pikkanti

Isservi 4

Ingredjenti

675g/1½ lb majjal, imqatta'

2 basal kbar, imqattgħin fin

1 tsp żejt veġetali raffinat

1 litru/1¾ pinta ilma

Melħ għat-togħma

Għat-taħlita tal-ħwawar:

250ml/8fl oz ħall

2 basal kbar

1 tbsp pejst tal-ġinġer

1 tbsp pejst tat-tewm

1 tbsp bżar iswed mitħun

1 tbsp chilli aħdar

1 tbsp turmeric

1 tbsp trab tal-bżar

1 tbsp imsiemer tal-qronfol

5cm/2in kannella

1 tbsp imżiewed tal-kardamomu aħdar

Metodu

- Itħan l-ingredjenti tat-taħlita tal-ħwawar għal pejst oħxon.
- Ħallat mal-bqija tal-ingredjenti f'kazzola. Għatti b'għatu issikkat u ħalliha ttektek għal 50 minuta. Servi sħun.

Tandoori Raan

(Saqajn tal-ħaruf pikkanti msajra f'Tandoor)

Isservi 4

Ingredjenti

675g/1½ lb riġel tal-ħaruf

400g/14oz jogurt

2 tbsp meraq tal-lumi

2 tsp pejst tal-ġinġer

2 tsp pejst tat-tewm

1 tsp imsiemer tal-qronfol mitħun

1 tsp kannella mitħun

2 tsp trab tal-bżar

1 tsp noċemuskata, maħkuka

Niskata mazza

Melħ għat-togħma

Żejt veġetali raffinat għall-basting

Metodu

- Ittaqqab il-ħaruf kollu b'furketta.
- Ħallat sewwa l-ingredjenti li jifdal, ħlief iż-żejt. Immarina l-ħaruf b'din it-taħlita għal 4-6 sigħat.
- Ixwi l-ħaruf f'forn f'temperatura ta' 180°C (350°F, Gas Mark 4) għal 1½-2 sigħat, u tfarrak kultant. Servi sħun.

Ħaruf Talaa

(Ħaruf Moqli)

Isservi 4

Ingredjenti

675g/1½ lb ħaruf, imqatta' f'biċċiet ta' 5cm/2in

Melħ għat-togħma

1 litru/1¾ pinta ilma

4 tbsp ghee

2 basal kbir, imqatta'

Għat-taħlita tal-ħwawar:

8 chilli niexef

1 tsp turmeric

1½ tbsp garam masala

2 tsp żerriegħa tal-peprin

3 basal kbar, imqattgħin fin

1 tsp pejst tamarind

Metodu

- Itħan l-ingredjenti tat-taħlita tal-ħwawar bl-ilma biex tagħmel pejst oħxon.
- Ħallat din il-pejst mal-laħam, il-melħ u l-ilma. Sajjar fi kazzola fuq nar medju għal 40 minuta. Imwarrab.
- Saħħan il-ghee ġo kazzola. Żid il-basal u aqli fuq nar medju sa kannella. Żid it-taħlita tal-laħam. Ttektek għal 6-7 minuti u servi sħun.

Ilsien Braised

Isservi 4

Ingredjenti

900g/2lb ilsien taċ-ċanga

Melħ għat-togħma

1 litru/1¾ pinta ilma

1 tsp ghee

3 basal kbar, imqattgħin fin

Ġinġer ta' l-għeruq ta' 5cm/2in, imqatta' f'ġuljena

4 tadam, imqatta fin

125g/4½ oz piżelli ffriżati

10g/¼oz weraq mint, imqatta' fin

1 tsp ħall tax-xgħir

1 tsp bżar iswed mitħun

½ tbsp garam masala

Metodu

- Poġġi l-ilsien ġo kazzola bil-melħ u l-ilma u sajjar fuq nar medju għal 45 minuta. Ixxotta u kessaħ għal ftit. Qaxxar il-ġilda u aqta 'fi strixxi. Imwarrab.
- Saħħan il-ghee ġo kazzola. Żid il-basal u l-ġinġer u aqli fuq nar medju għal 2-3 minuti. Żid l-ilsien imsajjar u l-ingredjenti kollha li fadal. Ttektek għal 20 minuta. Servi sħun.

Rolls tal-muntun moqli

Isservi 4

Ingredjenti

75g/2½ oz ġobon Cheddar, maħkuk

½ tsp bżar iswed mitħun

1 tsp pejst tal-ġinġer

1 tsp pejst tat-tewm

3 bajd, imħallta

50g/1¾oz weraq tal-kosbor, imqatta

100g/3½ oz frak tal-ħobż

Melħ għat-togħma

675g/1½ lb muntun bla għadam, imqatta' f'biċċiet ta' 10cm/4in u ċċattjat

4 tbsp ghee

250ml/8fl oz ilma

Metodu

- Hallat flimkien l-ingredjenti kollha, ħlief il-laħam, il-ghee u l-ilma. Applika t-taħlita fuq naħa waħda tal-biċċiet tal-laħam. Irrombla kull biċċa sewwa u għaqqad bi spag.
- Saħħan il-ghee f'taġen. Żid ir-rollijiet tal-muntun u aqli fuq nar medju sakemm dehbi. Żid l-ilma. Ttektek għal 15-il minuta u servi sħun.

Fwied Masala Fry

Isservi 4

Ingredjenti

4 tbsp żejt veġetali raffinat

675g/1½ lb fwied tal-ħrief, imqatta' fi strixxi ta' 5cm/2in

2 tbsp ġinġer, mqatta 'juljene

15-il sinna tat-tewm, imqatta 'b'mod fin

8 chilli aħdar, qasma fit-tul

2 tsp kemmun mitħun

1 tsp turmeric

125g/4½ oz jogurt

1 tsp bżar iswed mitħun

Melħ għat-togħma

50g/1¾oz weraq tal-kosbor, imqatta

Meraq ta '1 lumi

Metodu

- Saħħan iż-żejt ġo kazzola. Żid l-istrixxi tal-fwied u aqlihom fuq nar medju għal 10-12-il minuta.
- Żid il-ġinġer, it-tewm, il-bżar aħdar, il-kemmun u t-turmeric. Fry għal 3-4 minuti. Żid il-jogurt, il-bżar u l-melħ. Qalji għal 6-7 minuti.
- Żid il-weraq tal-kosbor u l-meraq tal-lumi. Qalji fuq nar baxx għal 5-6 minuti. Servi sħun.

Ilsien taċ-ċanga pikkanti

Isservi 4

Ingredjenti

900g/2lb ilsien taċ-ċanga

Melħ għat-togħma

1.5 litri/2¾ pints ilma

2 tsp żrieragħ kemmun

12-il sinna tat-tewm

5cm/2in kannella

4 imsiemer tal-qronfol

6 chilli aħmar niexef

8 bżar iswed

6 tbsp ħall tax-xgħir

3 tbsp żejt veġetali raffinat

2 basal kbar, imqattgħin fin

3 tadam, imqatta 'b'mod fin

1 tsp turmeric

Metodu

- Sajjar l-ilsien bil-melħ u 1.2 litri/2 pinta ilma ġo kazzola fuq nar baxx għal 45 minuta. Qaxxar il-ġilda. Qatta' l-ilsna fi dadi u warrab.

- Itħan iż-żerriegħa tal-kemmun, it-tewm, il-kannella, il-qronfol, il-bżar aħmar niexef u l-bżar bil-ħall biex tagħmel pejst lixx. Imwarrab.

- Saħħan iż-żejt ġo kazzola. Aqli l-basal fuq nar medju sakemm trasluċidi. Żid il-pejst mitħun, l-ilsien imqatta' dadi, it-tadam, it-turmeric u l-ilma li jifdal. Ttektek għal 20 minuta u servi sħun.

Ħaruf Pasandas

(Lamb Kebab fil-Jogurt Gravy)

Isservi 4

Ingredjenti

½ tbsp żejt veġetali raffinat

3 basal kbar, imqatta fit-tul

¼ papaya żgħira mhux misjura, mitħun

200g/7oz jogurt

2 tsp garam masala

Melħ għat-togħma

750g/1lb 10oz ħaruf bla għadam, imqatta' f'biċċiet ta' 5cm/2in

Metodu

- Saħħan iż-żejt ġo kazzola. Aqli l-basal fuq nar baxx sakemm kannella.
- Ixxotta u itħan il-basal għal pejst. Ħallat mal-bqija tal-ingredjenti, ħlief il-ħaruf. Immarina l-ħaruf b'din it-taħlita għal 5 sigħat.
- Irranġa ġo dixx tat-torti u aħmi f'forn f'temperatura ta' 180°C (350°F, Gas Mark 4) għal 30 minuta. Servi sħun.

Curry tal-ħaruf u tat-tuffieħ

Isservi 4

Ingredjenti

5 tbsp żejt veġetali raffinat

4 basal kbir, imqatta'

4 tadam kbir, imsajjar (ara<u>tekniki tat-tisjir</u>)

½ tsp pejst tat-tewm

2 tsp kosbor mitħun

2 tsp kemmun mitħun

1 tsp trab tal-bżar

30g/1oz anakardju, mitħun

750g/1lb 10oz ħaruf bla għadam, imqatta' f'biċċiet ta' 2.5cm/1in

200g/7oz jogurt

1 tsp bżar iswed mitħun

Melħ għat-togħma

750ml/1¼ pinta ilma

4 tuffieħ, imqatta' f'biċċiet ta' 3.5cm/1½ in

120ml/4fl oz krema waħda friska

Metodu

- Saħħan iż-żejt ġo taġen. Aqli l-basal fuq nar baxx sakemm kannella.
- Żid it-tadam, il-pejst tat-tewm, il-kosbor u l-kemmun. Fry għal 5 minuti.
- Żid l-ingredjenti li jifdal, ħlief l-ilma, it-tuffieħ u l-krema. Hallat sew u salte għal 8-10 minuti.
- Ferra l-ilma. Ttektek għal 40 minuta. Żid it-tuffieħ u ħawwad għal 10 minuti. Żid il-krema u ħawwad għal 5 minuti oħra. Servi sħun.

Mutton Niexef stil Andhra

Isservi 4

Ingredjenti

675g/1½ lb muntun, imqatta'

4 basal kbir, imqatta' fin

6 tadam, imqatta 'b'mod fin

1½ tsp pejst tal-ġinġer

1½ tsp pejst tat-tewm

50g/1¾oz coconut frisk, maħkuk

2½ tbsp garam masala

½ tsp bżar iswed mitħun

1 tsp turmeric

Melħ għat-togħma

500ml/16fl oz ilma

6 tbsp żejt veġetali raffinat

Metodu

- Ħallat l-ingredjenti kollha, ħlief iż-żejt, flimkien. Sajjar fi kazzola fuq nar medju għal 40 minuta. Ixxotta l-laħam u armi l-istokk.
- Saħħan iż-żejt ġo kazzola oħra. Żid il-laħam imsajjar u aqli fuq nar medju għal 10 minuti. Servi sħun.

Curry Sempliċi taċ-Ċanga

Isservi 4

Ingredjenti

3 tbsp żejt veġetali raffinat

2 basal kbar, imqattgħin fin

750g/1lb 10oz ċanga, imqatta' f'biċċiet ta' 2.5cm/1in

1 tsp pejst tal-ġinġer

1 tsp pejst tat-tewm

1 tsp trab tal-bżar

½ tsp turmeric

Melħ għat-togħma

300g/10oz jogurt

1.2 litri/2 pinti ilma

Metodu

- Saħħan iż-żejt ġo kazzola. Aqli l-basal fuq nar baxx sakemm kannella.
- Żid l-ingredjenti li jifdal, ħlief il-jogurt u l-ilma. Fry għal 6-7 minuti. Żid il-jogurt u l-ilma. Ttektek għal 40 minuta. Servi sħun.

Gosht Korma

(Munton Sinjur fil-Gray)

Isservi 4

Ingredjenti

3 tbsp żerriegħa tal-peprin

75g/2½ oz anakardju

50g/1¾oz coconut imnixxef

3 tbsp żejt veġetali raffinat

1 basla kbira, imqatta' fin

2 tbsp pejst tal-ġinġer

2 tbsp pejst tat-tewm

675g/1½ lb muntun bla għadam, imqatta' f'kudi

200g/7oz jogurt

10g/¼oz weraq tal-kosbor, imqatta

10g/¼oz weraq mint, imqatta

½ tsp garam masala

Melħ għat-togħma

1 litru/1¾ pinta ilma

Metodu

- Nixxef ixwi ż-żerriegħa tal-peprin, l-anakardju u l-ġewż. Itħan b'biżżejjed ilma biex tifforma pejst oħxon. Imwarrab.
- Saħħan iż-żejt ġo kazzola. Aqli l-basla, il-pejst tal-ġinġer u l-pejst tat-tewm fuq nar medju għal 1-2 minuti.
- Żid il-pejst taż-żerriegħa tal-peprin-ġewż tal-anakardju u l-ingredjenti li jifdal, ħlief l-ilma. Hallat sew u aqli għal 5-6 minuti.
- Żid l-ilma. Hawwad għal 40 minuta, ħawwad spiss. Servi sħun.

Erachi Chops

(Ċopċelli tal-muntun teneri)

Isservi 4

Ingredjenti

750g/1lb 10oz chops tal-muntun

Melħ għat-togħma

1 tsp turmeric

1 litru/1¾ pinta ilma

2 tbsp żejt veġetali raffinat

1 tsp pejst tal-ġinġer

1 tsp pejst tat-tewm

3 basal kbir, imqatta'

5 chilli aħdar, qasma fit-tul

2 tadam kbir, imqatta 'b'mod fin

½ tsp kosbor mitħun

1 tbsp bżar iswed mitħun

1 tbsp meraq tal-lumi

2 tbsp weraq tal-kosbor, imqatta

Metodu

- Immarina ċ-chops tal-muntun bil-melħ u t-turmeric għal 2-3 sigħat.
- Sajjar il-laħam bl-ilma fuq nar baxx għal 40 minuta. Imwarrab.
- Saħħan iż-żejt ġo kazzola. Żid il-pejst tal-ġinġer, il-pejst tat-tewm, il-basal u ċ-chillies aħdar u aqlihom fuq nar medju għal 3-4 minuti.
- Żid it-tadam, il-kosbor mitħun u l-bżar. Hallat sew. Fry għal 5-6 minuti. Żid il-muntun u salte għal 10 minuti.

- Żejjen bil-meraq tal-lumi u l-weraq tal-kosbor. Servi sħun.

Kapuljat Moħmi

Isservi 4

Ingredjenti

3 tbsp żejt veġetali raffinat

2 basal kbar, imqattgħin fin

6 sinniet tat-tewm, imqattgħin fin

600g/1lb 5oz muntun, ikkapuljat

2 tsp kemmun mitħun

125g/4½ oz purè tat-tadam

600g/1lb 5oz fażola fil-laned

500ml/16fl oz stokk tal-muntun

½ tsp bżar iswed mitħun

Melħ għat-togħma

Metodu

- Saħħan iż-żejt ġo kazzola. Żid il-basal u t-tewm. Aqli fuq nar baxx għal 2-3 minuti. Żid l-ingredjenti li jifdal. Ttektek għal 30 minuta.
- Ittrasferixxi għal dixx li jiflaħ għall-forn u aħmi f'forn f'200°C (400°F, Gas Mark 6) għal 25 minuta. Servi sħun.

Kaleji Do Pyaaza

(Fwied bil-Basal)

Isservi 4

Ingredjenti

4 tbsp ghee

3 basal kbar, imqattgħin fin

2.5cm/1in ġinġer għerq, imqatta 'b'mod fin

10 sinniet tat-tewm, imqattgħin fin

4 chilli aħdar, qasma fit-tul

1 tsp turmeric

3 tadam, imqatta 'b'mod fin

750g/1lb 10oz fwied tal-ħrief, imqatta'

2 tsp garam masala

200g/7oz jogurt

Melħ għat-togħma

250ml/8fl oz ilma

Metodu

- Saħħan il-ghee ġo kazzola. Żid il-basal, il-ġinġer, it-tewm, il-bżar aħdar u t-turmeric u aqli fuq nar medju għal 3-4 minuti. Żid l-ingredjenti kollha li jifdal, ħlief l-ilma. Ħallat sew. Fry għal 7-8 minuti.
- Żid l-ilma. Hawwad għal 30 minuta, ħawwad kultant. Servi sħun.

Ħaruf fuq l-għadam

Isservi 4

Ingredjenti

30g/1oz weraq mint, imqatta' fin

3 chilli ħodor, imqattgħin fin

12-il sinna tat-tewm, imqatta 'b'mod fin

Meraq ta '1 lumi

675g/1½ lb sieq tal-ħaruf, imqatta' f'4 biċċiet

5 tbsp żejt veġetali raffinat

Melħ għat-togħma

500ml/16fl oz ilma

1 basla kbira, imqatta' fin

4 patata kbira, imqatta'

5 brunġiel żgħar, imqatta' bin-nofs

3 tadam, imqatta 'b'mod fin

Metodu

- Itħan il-weraq taz-zekka, il-bżar aħdar u t-tewm b'ilma biżżejjed biex tifforma pejst lixx. Żid il-meraq tal-lumi u ħawwad sew.
- Immarina l-laħam b'din it-taħlita għal 30 minuta.
- Saħħan iż-żejt ġo kazzola. Żid il-laħam immarinat u aqli fuq nar baxx għal 8-10 minuti. Żid il-melħ u l-ilma u ħalliha ttektek għal 30 minuta.
- Żid l-ingredjenti kollha li fadal. Ttektek għal 15-il minuta u servi sħun.

Ċanga Vindaloo

(Kuri taċ-Ċanga ta' Goan)

Isservi 4

Ingredjenti

3 basal kbar, imqattgħin fin

5cm/2in ġinġer tal-għeruq

10 sinniet tat-tewm

1 tbsp żerriegħa kemmun

½ tbsp kosbor mitħun

2 tsp chilli aħmar

½ tsp żerriegħa tal-fenugreek

½ tsp żerriegħa tal-mustarda

60ml/2fl oz ħall tax-xgħir

Melħ għat-togħma

675g/1½ lb ċanga bla għadam, imqatta' f'biċċiet ta' 2.5cm/1in

3 tbsp żejt veġetali raffinat

1 litru/1¾ pinta ilma

Metodu

- Itħan flimkien l-ingredjenti kollha, ħlief il-laħam, iż-żejt u l-ilma, biex jiffurmaw pejst oħxon. Immarina l-laħam b'din il-pejst għal sagħtejn.

- Saħħan iż-żejt ġo kazzola. Żid il-laħam immarinat u qalli fuq nar baxx għal 7-8 minuti. Żid l-ilma. Ħawwad għal 40 minuta, ħawwad kultant. Servi sħun.

Curry taċ-ċanga

Isservi 4

Ingredjenti

4 tbsp żejt veġetali raffinat

3 basal kbir, maħkuk

1½ tbsp kemmun mitħun

1 tsp turmeric

1 tsp trab tal-bżar

½ tbsp bżar iswed mitħun

4 tadam ta' daqs medju, imqatta'

675g/1½ lb ċanga dgħif, imqatta' f'biċċiet ta' 2.5cm/1in

Melħ għat-togħma

1½ tsp weraq niexef tal-fenugreek

250ml/8fl oz krema waħda

Metodu

- Saħħan iż-żejt ġo kazzola. Żid il-basal u aqlih fuq nar medju sakemm isir kannella.
- Żid l-ingredjenti li jifdal, ħlief il-weraq tal-fenugreek u l-krema.
- Hallat sew u ħalliha ttektek għal 40 minuta. Żid il-weraq tal-fenugreek u l-krema. Sajjar għal 5 minuti u servi sħun.

Muntan bil-Qara

Isservi 4

Ingredjenti

750g/1lb 10oz muntun, imqatta

200g/7oz jogurt

Melħ għat-togħma

2 basal kbar

2.5cm/1in ġinġer għerq

7 sinniet tat-tewm

5 tbsp ghee

¾ tsp turmeric

1 tsp garam masala

2 weraq tar-rand

750ml/1¼ pinta ilma

400g/14oz qara ħamra, mgħollija u maxx

Metodu

- Immarina l-muntun mal-jogurt u l-melħ għal siegħa.
- Itħan il-basal, il-ġinġer u t-tewm b'biżżejjed ilma biex tifforma pasta ħoxna. Saħħan il-ghee ġo kazzola. Żid il-pejst flimkien mat-turmeric u aqli għal 3-4 minuti.
- Żid il-garam masala, il-weraq tar-rand u l-muntun. Fry għal 10 minuti.
- Żid l-ilma u l-qara ħamra. Ttektek għal 40 minuta u servi sħun.

Gushtaba

(Munton stil Kashmiri)

Isservi 4

Ingredjenti

675g/1½ lb muntun bla għadam

6 miżwed tal-kardamomu iswed

Melħ għat-togħma

4 tbsp ghee

4 basal kbir, imqatta' fi ċrieki

600g/1lb 5oz jogurt

1 tsp żerriegħa tal-bużbież mitħun

1 tbsp kannella mitħun

1 tbsp imsiemer tal-qronfol mitħun

1 tbsp weraq mint, imfarrak

Metodu

- Libbra l-muntun bil-kardamomu u l-melħ sakemm jirtab. Aqsam fi 12-il ballun u warrab.
- Saħħan il-ghee ġo kazzola. Aqli l-basal fuq nar baxx sakemm kannella. Żid il-jogurt u ħalliha ttektek għal 8-10 minuti, ħawwad kontinwament.
- Żid il-boċċi tal-laħam u l-ingredjenti kollha li fadal, ħlief il-weraq tan-nagħniegħ. Ttektek għal 40 minuta. Servi mżejjen bil-weraq mint.

Muntan bil-Ħodor Imħallta u Ħwawar

Isservi 4

Ingredjenti

5 tbsp żejt veġetali raffinat

3 basal kbar, imqattgħin fin

750g/1lb 10oz muntun, imqatta' f'kudi

50g/1¾oz weraq tal-amaranth*, imqatta fin

100g/3½ oz weraq tal-ispinaċi, imqatta' fin

50g/1¾oz weraq fenugreek, imqatta

50g/1¾oz weraq tax-xibt, imqatta' fin

50g/1¾oz weraq tal-kosbor, imqatta

1 tsp pejst tal-ġinġer

1 tsp pejst tat-tewm

3 chilli ħodor, imqattgħin fin

1 tsp turmeric

2 tsp kosbor mitħun

1 tsp kemmun mitħun

Melħ għat-togħma

1 litru/1¾ pinta ilma

Metodu

- Saħħan iż-żejt ġo kazzola. Aqli l-basal fuq nar medju sa kannella. Żid l-ingredjenti li jifdal, ħlief l-ilma. Qalji għal 12-il minuta.
- Żid l-ilma. Ttektek għal 40 minuta u servi sħun.

Ħaruf tal-lumi

Isservi 4

Ingredjenti

750g/1lb 10oz ħaruf, imqatta' f'biċċiet ta' 2.5cm/1in

2 tadam, imqatta 'b'mod fin

4 chillies ħodor, imqattgħin fin

1 tsp pejst tal-ġinġer

1 tsp pejst tat-tewm

2 tsp garam masala

125g/4½ oz jogurt

500ml/16fl oz ilma

Melħ għat-togħma

1 tbsp żejt veġetali raffinat

10 shalots

3 tbsp meraq tal-lumi

Metodu

- Ħallat il-ħaruf mal-bqija tal-ingredjenti kollha, ħlief iż-żejt, l-iscalots u l-meraq tal-lumi. Sajjar fi kazzola fuq nar medju għal 45 minuta. Imwarrab.

- Saħħan iż-żejt ġo kazzola. Aqli s-shallots fuq nar baxx għal 5 minuti.
- Ħallat mal-curry tal-ħaruf u roxx il-meraq tal-lumi fuq nett. Servi sħun.

Ħaruf Pasanda bil-Lewż

(Biċċiet tal-Ħaruf bil-Lewż fil-Gray tal-Jogurt)

Isservi 4

Ingredjenti

120ml/4fl oz żejt veġetali raffinat

4 basal kbir, imqatta' fin

750g/1lb 10oz ħaruf bla għadam, imqatta' f'biċċiet ta' 5cm/2in

3 tadam, imqatta 'b'mod fin

1 tsp pejst tal-ġinġer

1 tsp pejst tat-tewm

2 tsp kemmun mitħun

1½ tsp garam masala

Melħ għat-togħma

200g/7oz jogurt Grieg

750ml/1¼ pinta ilma

25 lewż, imfarrak oħxon

Metodu

- Saħħan iż-żejt ġo kazzola. Żid il-basal u aqli fuq nar baxx għal 6 minuti. Żid il-ħaruf u aqli għal 8-10 minuti. Żid l-ingredjenti li jifdal, ħlief il-jogurt, l-ilma u l-lewż. Qalji għal 5-6 minuti.
- Żid il-jogurt, l-ilma u nofs il-lewż. Ħawwad għal 40 minuta, ħawwad spiss. Servi imbexxex mal-lewż li fadal.

Majjal Zalzett Chilli Fry

Isservi 4

Ingredjenti

2 tbsp żejt

1 basla kbira, imqatta'

400g/14oz zalzett tal-majjal

1 bżar aħdar, imqatta 'juljene

1 patata, mgħollija u mqatta

½ tsp pejst tal-ġinġer

½ tsp pejst tat-tewm

½ tsp trab tal-bżar

¼ tsp turmeric

10g/¼oz weraq tal-kosbor, imqatta

Melħ għat-togħma

4 tbsp ilma

Metodu

- Saħħan iż-żejt ġo kazzola. Żid il-basla u aqli għal minuta. Baxxi n-nar u żid l-ingredjenti l-oħra kollha, ħlief l-ilma. Aqli bil-mod għal 10-15-il minuta sakemm iz-zalzett ikun imsajjar.
- Żid l-ilma u sajjar fuq nar baxx għal 5 minuti. Servi sħun.

Mutton Shah Jahan

(Munton imsajjar f'Gray Moghlai Rich)

Isservi 4

Ingredjenti

5-6 tbsp ghee

4 basal kbir, imqatta'

675g/1½ lb muntun, imqatta'

1 litru/1¾ pinta ilma

Melħ għat-togħma

8-10 lewż, imfarrak

Għat-taħlita tal-ħwawar:

8 sinniet tat-tewm

2.5cm/1in ġinġer għerq

2 tsp żerriegħa tal-peprin

50g/1¾oz weraq tal-kosbor, imqatta

5cm/2in kannella

4 imsiemer tal-qronfol

Metodu

- Itħan l-ingredjenti tat-taħlita tal-ħwawar għal pejst. Imwarrab.
- Saħħan il-ghee ġo kazzola. Aqli l-basal fuq nar baxx sakemm kannella.
- Żid il-pejst tat-taħlita tal-ħwawar. Fry għal 5-6 minuti. Żid il-muntun u salte għal 18-20 minuta. Żid l-ilma u l-melħ. Ttektek għal 30 minuta.
- Żejjen bil-lewż u servi sħun.

Piżelli Pulao

(Ross Pilau bil-Piżelli)

Isservi 4

Ingredjenti

4 tbsp żejt veġetali raffinat

1 tsp żerriegħa tal-kemmun

½ tsp pejst tal-ġinġer

2 chilli ħodor, imqattgħin

200g/7oz piżelli msajra

Melħ għat-togħma

300g/10oz ross bil-fwar

Metodu

- Saħħan iż-żejt ġo kazzola. Żid iż-żerriegħa tal-kemmun. Ħallihom splutter għal 15-il sekonda.

- Żid il-pejst tal-ġinġer u ċ-chillies aħdar. Aqli t-taħlita fuq nar baxx għal minuta.

- Żid il-piżelli u l-melħ. Hawwad sew għal 5 minuti.

- Żid ir-ross. Hallat sew. Għatti b'għatu u ħalliha ttektek il-pulao għal 5 minuti. Servi sħun.

Tiġieġ Pulao

(Tiġieġ Imsajjar bir-Ross Pilau)

Isservi 4

Ingredjenti

500g/1lb 2oz ross twil

Melħ għat-togħma

1 tsp turmeric

1 tbsp meraq tal-lumi

50g/1¾oz weraq tal-kosbor, mitħun

1kg/2¼lb tiġieġ bl-għadam, imqaxxar u mqatta'

9 tbsp oli veġetali raffinat

4 basal kbir, imqatta

2 tadam, imqatta

2 tsp pejst tal-ġinġer

1½ tsp pejst tat-tewm

2 tsp garam masala

1 litru/1¾ pinta ilma sħun

Metodu

- Xarrab ir-ross għal 30 minuta. Imwarrab.

- Ħallat il-melħ, turmeric, meraq tal-lumi u weraq tal-kosbor flimkien. Immarina t-tiġieġ mat-taħlita għal siegħa.

- Saħħan 8 tbsp żejt ġo kazzola. Żid tliet kwarti tal-basal u aqli sakemm isiru traslućidi.

- Żid it-tadam, il-pejst tal-ġinġer, il-pejst tat-tewm, il-garam masala u t-tiġieġ immarinat. Aqli għal 10 minuti fuq nar baxx, waqt li ħawwad kultant.

- Żid ir-ross mxarrba u l-ilma sħun. Għatti b'għatu u ħalliha ttektek għal 7-10 minuti.

- Aqli l-basal li jifdal f'1 tbsp żejt sakemm ikun kannella dehbi. Roxx fuq il-pulao.

- Servi sħun.

Vaangi Bhaat

(Ross tal-Berġiel)

Isservi 4

Ingredjenti

3 tbsp żejt veġetali raffinat

2 basal kbar, imqattgħin fin

300g/10oz brunġiel, imqatta' dadi

1½ tsp kosbor mitħun

1 tsp trab tal-bżar

½ tsp pejst tal-ġinġer

½ tsp pejst tat-tewm

Melħ għat-togħma

500g / 1lb 2oz ross twil, mxarrba u imsaffi

1 litru/1¾ pinta ilma sħun

1 tbsp weraq tal-kosbor, imqatta '

Metodu

- Saħħan iż-żejt ġo kazzola. Qalli l-basal sakemm ikun trasparenti. Żid l-ingredjenti kollha, ħlief ir-ross, l-ilma sħun u l-kosbor. Fry għal 4-5 minuti.

- Żid ir-ross u l-ilma. Hallat sew. Għatti b'għatu u halliha ttektek għal 10-15-il minuta. Żejjen bil-weraq tal-kosbor. Servi sħun.

Piżelli u Faqqiegħ Pulao

Isservi 4

Ingredjenti

3 tbsp żejt veġetali raffinat

1 basla kbira, imqatta' fin

3 chilli aħdar, qasma fit-tul

Niskata turmeric

1 tadam, imqatta' fin

200g/7oz piżelli

200g/7oz faqqiegħ, steamed ħafif u mqatta'

Melħ għat-togħma

300g/10oz ross basmati bil-fwar

Metodu

- Saħħan iż-żejt ġo kazzola. Żid il-basla, il-bżar aħdar u t-turmeric u aqli fuq nar medju għal 8-10 minuti, ħawwad kultant.

- Żid it-tadam u aqli għal minuta.

- Żid il-piżelli, nofs il-faqqiegħ u l-melħ. Sajjar fuq nar baxx sakemm isir offerta.

- Żid ir-ross u ħawwad sew biex tħallat. Sajjar għal 5 minuti.

- Żejjen il-pulao bil-flieli tal-faqqiegħ li fadal. Servi sħun.

Pulao aħdar

Isservi 4

Ingredjenti

150g/5½ oz weraq tal-kosbor, imqatta'

50g/1¾oz weraq mint

4 tbsp żejt veġetali raffinat

3 basal żgħar, imqattgħin fin

1 tsp garam masala

½ tsp pejst tal-ġinġer

½ tsp pejst tat-tewm

Melħ għat-togħma

125g/4½ oz piżelli

2 patata kbira, imqatta u moqlija

200g/7oz ross twil, mgħolli

Metodu

- Itħan il-kosbor u l-weraq mint f'pejst. Imwarrab.

- Saħħan iż-żejt ġo kazzola. Żid il-basal u aqlih fuq nar medju sakemm ikun trasluċidi. Żid il-garam masala, il-pejst tal-ġinġer u l-pejst tat-tewm. Fry għal 2 minuti. Żid il-pejst tal-kosbor u mint. Sajjar sakemm ħoxna.

- Żid il-melħ, il-piżelli u l-patata. Ħallat sew. Żid ir-ross u ħawwad bil-mod. Għatti b'għatu u ħalliha ttektek il-pulao għal 5 minuti. Servi sħun.

Pulao Festiv

Isservi 4

Ingredjenti

1 tbsp ghee flimkien ma 'żejjed għall-qali fil-fond

4 basal kbir, imqatta' fin

2.5cm/1in kannella

3 imsiemer tal-qronfol

2 weraq tar-rand

3 imżiewed tal-kardamomu aħdar

1 litru/1¾ pinta ilma

500g/1lb 2oz ross basmati, mxarrba għal 30 minuta u mxerred

Melħ għat-togħma

60g/2oz anakardju, moqli

60g/2oz żbib, moqli

Metodu

- Saħħan il-ghee għall-qali fil-fond f'taġen. Żid il-basal u aqlih fuq nar medju sa kannella. Waħħal il-basal.

- Saħħan 1 tbsp ghee f'kazzola oħra. Żid il-kannella, il-qronfol, il-weraq tar-rand u l-kardamomu. Aqli għal 15-il sekonda, żid l-ilma u ħallih jagħli.

- Żid ir-ross imsoff u l-melħ. Sajjar għal 10-15-il minuta. Żejjen il-pulao bil-basal moqli, il-ġewż tal-anakardju u ż-żbib. Servi sħun.

Pulihora

(Ross Tamarind)

Isservi 6

Ingredjenti

750g/1lb 10oz ross twil, mgħolli

½ tsp turmeric

20 weraq tal-curry

7 tbsp żejt veġetali raffinat

½ tsp żerriegħa tal-mustarda

2 tbsp mung dhal*

3 chilli aħmar imnixxef, maqsuma f'biċċiet

8 bżar iswed

½ tsp asafoetida

125g/4½ oz karawett inkaljat

2 chilli aħdar, qasma fit-tul

5 tbsp pejst tamarind

Melħ għat-togħma

1 tbsp żerriegħa tal-ġulġlien mitħun

50g/1¾oz weraq tal-kosbor, imqatta

Metodu

- Ħallat ir-ross, turmeric, nofs il-weraq tal-curry u 2 tbsp żejt. Imwarrab.

- F'taġen, saħħan iż-żejt li jifdal. Aqli l-mustarda, il-mung dhal, il-bżar aħmar, il-bżar, l-asafoetida u l-karawett sakemm il-karawett isir kannella.

- Żid il-weraq tal-curry li fadal, iċ-chillies aħdar u l-pejst tat-tamarind. Ħawwad it-taħlita ħafif għal 5-7 minuti. Żid il-melħ, iż-żerriegħa tal-ġulġlien mitħun u l-weraq tal-kosbor. Servi sħun.

Tadka Ross

(Ross bi Twist Indjan Klassiku)

Isservi 4

Ingredjenti

2 tbsp żejt veġetali raffinat

1 tsp żerriegħa tal-kemmun

1 chilli aħdar, imqatta'

5-6 weraq tal-curry

Niskata turmeric

2 tbsp karawett inkaljat

Melħ għat-togħma

300g/10oz ross bil-fwar

Metodu

- Saħħan iż-żejt ġo kazzola. Żid l-ingredjenti kollha, ħlief il-melħ u r-ross, u aqlihom fuq nar medju għal 20 sekonda.

- Żid il-melħ u r-ross. Hawwad għal 3-4 minuti. Servi sħun.

Cous Cous Biryani

Isservi 4

Ingredjenti

100g/3½ oz cous cous

600ml/1 pinta ilma sħun

2 tbsp żejt veġetali raffinat

2-3 imsiemer tal-qronfol

2-3 imżiewed tal-kardamomu aħdar

1 tsp kemmun

Melħ għat-togħma

1 basla ta 'daqs medju, imqatta' fin

1 tadam, imqatta' fin

1 patata ta 'daqs medju, imqatta'

¼ tsp turmeric

125g/4½oz jogurt ħoxnin

10g/¼oz weraq tal-kosbor, imqatta

Metodu

- Aħsel sew il-cous cous. Ittrasferixxi għal skutella. Żid 500ml/16fl oz ilma sħun u ħallieh joqgħod għal 30 minuta.
- Huma l-cous cous mxarrba fi steamer għal 10 minuti. Neħħi minn fuq in-nar u warrab biex jiksaħ għal siegħa.
- Saħħan 1 tbsp taż-żejt ġo kazzola. Żid il-qronfol, il-kardamomu, il-kemmun, u l-melħ. Ħawwad it-taħlita għal 2-3 minuti fuq nar medju. Imwarrab.
- Saħħan iż-żejt li jifdal ġo kazzola. Żid il-basla u qalli fuq nar medju għal 2-3 minuti. Żid it-tadam, il-patata u l-ilma li jifdal. Sajjar it-taħlita fuq nar medju għal 5-6 minuti, ħawwad spiss.
- Żid it-turmeric, il-jogurt u l-melħ. Hallat sew.
- Żid il-cous cous. Itfa' t-taħlita bil-mod. Ttektek għal 10-15-il minuta.
- Żejjen il-biryani bil-weraq tal-kosbor. Servi sħun.

Ross tal-faqqiegħ

Isservi 4

Ingredjenti

4 tbsp żejt veġetali raffinat

2 weraq tar-rand

4 basal tar-rebbiegħa, imqatta 'b'mod fin

2 basal kbar, imqattgħin fin

2 tadam, imqatta 'b'mod fin

1 tsp garam masala

½ tsp pejst tal-ġinġer

1 tsp kemmun mitħun

1 tsp kosbor mitħun

½ tsp trab tal-bżar

150g/5½ oz faqqiegħ, imqatta'

Melħ għat-togħma

300g/10oz ross bil-fwar

Metodu

- Saħħan iż-żejt ġo kazzola. Żid il-weraq tar-rand u l-basal tar-rebbiegħa u aqlihom sakemm il-basal tar-rebbiegħa jsir trasluċidi. Żid il-basal u aqli fuq nar medju sakemm isiru trasluċidi.
- Żid it-tadam, garam masala, pejst tal-ġinġer, kemmun mitħun, kosbor mitħun u trab taċ-chilli. Aqli għal minuta fuq nar medju.
- Żid il-faqqiegħ u l-melħ. Sajjar għal 5-7 minuti. Żid ir-ross.
- Hallat sewwa u ħawwad fuq nar baxx għal 5-7 minuti. Servi sħun.

Ross Sempliċi tal-Coconut

Isservi 4

Ingredjenti

1 tbsp ghee

2 imsiemer tal-qronfol

2.5cm/1in kannella

2 imżiewed tal-kardamomu aħdar

3 bżar iswed

500g/1lb 2oz ross basmati

Melħ għat-togħma

250ml/8fl oz ilma sħun

500ml/16fl oz ħalib tal-ġewż

60g/2oz coconut frisk, maħkuk

Metodu

- Saħħan il-ghee ġo kazzola. Żid il-qronfol, il-kannella, il-kardamomu u l-bżar. Hallihom splutter għal 30 sekonda.
- Żid ir-ross, il-melħ, l-ilma u l-ħalib tal-ġewż. Hawwad it-taħlita għal 12-15-il minuta, ħawwad f'intervalli frekwenti.
- Żejjen ir-ross bil-ġewż maħkuk. Servi sħun.

Pulao imħallat

Isservi 4

Ingredjenti

250g/9oz ross twil

150g/5½ oz masoor dhal*

60g/2oz cous cous

500ml/16fl oz ilma

4 tbsp żejt veġetali raffinat

1 basla kbira, imqatta' fin

3 imsiemer tal-qronfol

2.5cm/1in kannella

50g/1¾oz weraq fenugreek, imqatta

2 karrotti, maħkuk

¼ tsp turmeric

1 tsp garam masala

Melħ għat-togħma

Metodu

- Ħallat ir-ross, dhal, cous cous u ilma ġo kazzola. Sajjar it-taħlita fuq nar medju għal 45 minuta. Imwarrab biex jiksaħ.
- Saħħan iż-żejt ġo taġen. Aqli l-basla fuq nar medju sakemm trasluċidi. Żid l-ingredjenti kollha li fadal u sajjar għal 2-3 minuti.
- Żid it-taħlita tar-ross dhal. Ħallat sewwa. Servi sħun.

Ross tal-lumi

Isservi 4

Ingredjenti

4 tbsp żejt veġetali raffinat

1 tsp żerriegħa tal-mustarda

2 tsp urad dhal*

2 tsp chana dhal*

8 weraq tal-curry

4 chilli aħdar, qasma fit-tul

½ tsp turmeric

2 basal kbar, imqattgħin fin

60g/2oz coconut frisk maħkuk

2 tbsp meraq tal-lumi

Melħ għat-togħma

300g/10oz ross bil-fwar

Metodu

- Saħħan iż-żejt ġo kazzola. Żid iż-żerriegħa tal-mustarda. Ħallihom splutter għal 15-il sekonda.
- Żid iż-żewġ dħals u aqlihom fuq nar medju għal 15-il minuta, ħawwad spiss. Żid il-weraq tal-curry, il-bżar aħdar, it-turmeric, il-basal u l-ġewż maħkuk. Aqli din it-taħlita fuq nar baxx għal minuta.
- Żid il-meraq tal-lumi, il-melħ u r-ross. Ħallat ir-ross sew. Servi sħun.

Ross Manipuri

Isservi 4

Ingredjenti

7 sinniet tat-tewm

7 chilli aħmar

2.5cm/1in ġinġer għerq

1 tbsp żerriegħa tal-kosbor

4½ tbsp ghee

2 basal kbir, imqatta'

250g/9oz ħaxix imħallat iffriżat

2 patata kbira, mgħollija u mqatta' dadi

500ml/16fl oz ilma

Melħ għat-togħma

2 tbsp weraq tal-kosbor, imqatta

1 tadam, imqatta'

300g/10oz ross bil-fwar

Metodu

- Itħan it-tewm, il-bżar, il-ġinġer u ż-żerriegħa tal-kosbor flimkien. Imwarrab.
- Saħħan nofs tbsp għee ġo kazzola. Aqli l-basal fuq nar medju sa kannella. Imwarrab.
- Saħħan il-għee li jkun fadal f'kazzola. Aqli t-taħlita tat-tewm-bżar mitħun fuq nar medju għal 3-5 minuti. Żid il-ħaxix u l-patata. Qalji għal 3 minuti.
- Żid l-ingredjenti li jifdal, ħlief ir-ross. Ttektek għal 5-7 minuti.
- Żid ir-ross. Hawwad sew u sajjar għal 3-4 minuti. Servi sħun.

Ġulġlien Pulao

(Żerriegħa tal-Ġulġlien Imsajra bir-Ross Pilau)

Isservi 4

Ingredjenti

2 tbsp ghee

1 tbsp żerriegħa tal-ġulġlien

1 basla kbira, imqatta' fin

2 kubi tal-istokk tat-tiġieġ, imfarrka

Melħ għat-togħma

300g/10oz ross bil-fwar

Metodu

- Saħħan il-ghee ġo kazzola. Żid iż-żerriegħa tal-ġulġlien. Ħallihom splutter għal 15-il sekonda.
- Żid il-basla u aqli fuq nar medju sakemm trasluċidi.
- Roxx il-kubi tal-istokk u l-melħ u ħawwad sewwa għal minuta.
- Żid ir-ross. Toss sew. Servi sħun.

Khichuri

(Għads u Brodu tar-Ross bil-Ħxejjex)

Isservi 4-6

Ingredjenti

2 tbsp żejt veġetali raffinat

½ tsp żerriegħa tal-kemmun

2.5cm/1in kannella

4 imżiewed tal-kardamomu aħdar

6 imsiemer tal-qronfol

2.5cm/1in ġinġer għerq, imqatta 'b'mod fin

250g/9oz ross twil

300g/10oz mung dhal*, mgħolli

2 basal kbar, imqattgħin fin

2 patata kbira, imqatta 'b'mod fin

Fjuri tal-pastard 50g/1¾oz

30g/1oz karrotti, imqattgħin fin

30g/1oz fażola Franċiża, imqatta' fin

½ tsp turmeric

2 chilli aħdar

1½ tsp zokkor

Melħ għat-togħma

1.25 litru/2½ pinti ilma

Metodu

- Saħħan iż-żejt ġo kazzola. Żid iż-żerriegħa tal-kemmun, il-kannella, il-kardamomu, il-qronfol u l-ġinġer. Aqli t-taħlita fuq nar medju sakemm il-ġinġer isir kannella ċar.
- Żid l-ingredjenti kollha li jifdal, ħlief l-ilma. Aqli t-taħlita għal 5 minuti. Żid l-ilma. Ttektek għal 15-20 minuta. Servi sħun.

Ross Isfar

Isservi 4

Ingredjenti

3 tbsp żejt veġetali raffinat

½ tsp kemmun

2 weraq tar-rand

2 imsiemer tal-qronfol

4 bżar iswed

1 tsp turmeric

2 basal kbar, imqattgħin fin

250g/9oz ross basmati

Melħ għat-togħma

600ml/1 pinta ilma sħun

Metodu

- Saħħan iż-żejt ġo kazzola. Żid il-kemmun, il-weraq tar-rand, il-qronfol, il-bżar u t-turmeric. Hallihom splutter għal 15-il sekonda. Żid il-basal. Aqlihom fuq nar medju sakemm isiru kannella.
- Żid ir-ross, il-melħ u l-ilma. Ttektek għal 15-il minuta. Servi sħun.

Chingri Mache Bhaat

(Gambli tal-fwar u Ross)

Isservi 4

Ingredjenti

250g/9oz gambli, imnaddfa u mneħħija mill-vini

Melħ għat-togħma

1 tsp turmeric

1 tsp mustarda lesta

1½ tbsp żejt tal-mustarda

300g/10oz ross bil-fwar

1 tbsp weraq tal-kosbor, imqatta '

Metodu

- Immarina l-gambli bil-melħ u t-turmeric għal 30 minuta.
- Ħallat flimkien il-gambli immarinati, mustarda lesta u żejt tal-mustarda f'double boiler. Fwar għal 17-il minuta.
- Itfa' r-ross mal-gambli. Żejjen bil-kosbor. Servi sħun.

Karrotti u Bżar Aħdar Ross

Isservi 4

Ingredjenti

4 tbsp żejt veġetali raffinat

¼ tsp żerriegħa tal-mustarda

¼ tsp żerriegħa tal-kemmun

Niskata turmeric

8 weraq tal-curry

1 bżar aħdar, imqatta 'b'mod fin

1 karrotta kbira, maħkuka

1 tsp garam masala

Melħ għat-togħma

300g/10oz ross bil-fwar

1 tbsp meraq tal-lumi

1 tbsp weraq tal-kosbor, imqatta fin

Metodu

- Saħħan iż-żejt ġo kazzola fond. Żid iż-żerriegħa tal-mustarda, iż-żerriegħa tal-kemmun, it-turmeric u l-weraq tal-curry. Hallihom splutter għal 15-il sekonda.
- Żid il-bżar aħdar u l-karrotta. Hawwad il-ħaxix għal minuta. Għatti b'għatu u ħalliha ttektek għal 5 minuti, ħawwad kultant.
- Ikxef u żid il-garam masala u l-melħ. Hallat sew. Żid ir-ross. Hawwad it-taħlita għal 4-5 minuti.
- Żid il-meraq tal-lumi u l-weraq tal-kosbor. Hawwad biex tħallat sew u sajjar għal 2-3 minuti. Servi sħun.

Thakkali Saadham

(Ross tat-Tadam)

Isservi 4

Ingredjenti

3 tbsp żejt veġetali raffinat

½ tsp żerriegħa tal-mustarda

½ tsp żerriegħa tal-kemmun

8 weraq tal-curry

½ tsp turmeric

Niskata asafoetida

¾ tsp trab tal-bżar

2 basal kbar, imqattgħin fin

2 tadam, imqatta 'b'mod fin

300g/10oz ross bil-fwar

Melħ għat-togħma

1 tbsp weraq tal-kosbor, biex iżejnu

Metodu

- Saħħan iż-żejt ġo kazzola. Żid il-mustarda, kemmun, weraq tal-curry, turmeric, asafoetida, trab tal-bżar, basal u tadam.
- Ħawwad għal 5 minuti. Żid ir-ross u l-melħ. Żejjen u servi sħun.

Palak Pulao

(Spinaċi Pulao)

Isservi 4

Ingredjenti

4½ tbsp żejt veġetali raffinat

1 basla kbira, imqatta' fin

2 tadam, imqatta 'b'mod fin

¾ tsp pejst tal-ġinġer

¾ tsp pejst tat-tewm

350g/12oz ross twil

750ml/1¼ pinta ilma sħun

200g/7oz spinaċi, steamed u puré

10 ġewż tal-anakardju

1 tsp meraq tal-lumi

½ tsp garam masala

Melħ għat-togħma

Metodu

- Saħħan iż-żejt ġo kazzola. Żid il-basla u aqliha fuq nar medju sakemm issir kannella.
- Żid it-tadam, il-pejst tal-ġinġer u l-pejst tat-tewm. Ttektek għal 2 minuti.
- Ħawwad ir-ross u l-ilma u sajjar għal 12-15-il minuta.
- Żid l-ispinaċi, il-ġewż tal-anakardju, il-meraq tal-lumi, il-garam masala u l-melħ. Ħawwad din it-taħlita bil-mod. Ttektek għal 2-3 minuti. Servi sħun.

Lemon Grass & Green Chilli Pulao

Isservi 4

Ingredjenti

150g/5½ oz ħaxix tal-lumi, imqatta' f'diedi

4 chillies aħdar qasmu fit-tul

2.5cm/1in ġinġer ta' l-għerq, imqatta' f'ġuljena

750ml/1¼ pinta stokk tal-ħaxix

3 tbsp żejt veġetali raffinat

1 tsp żerriegħa tal-kemmun

500g/1lb 2oz ross twil

Melħ għat-togħma

150g/5½ oz mung dhal*, mgħolli

25g/scant 1oz weraq tal-kosbor, imqatta

Metodu

- Hallat il-ħaxix tal-lumi, il-bżar aħdar, il-ġinġer u l-istokk tal-ħaxix flimkien.
- Saħħan iż-żejt ġo kazzola. Żid iż-żerriegħa tal-kemmun. Hallihom splutter għal 15-il sekonda. Żid ir-ross, il-melħ u t-taħlita tal-istokk. Itfa' t-taħlita sew. Għatti b'għatu u ħalliha ttektek għal 12-15-il minuta.
- Żejjen il-pulao bil-weraq tal-mung dhal u l-kosbor. Servi sħun.

Ross tat-tadam u tal-basal tar-rebbiegħa

Isservi 4

Ingredjenti

3 tbsp ghee

4 imsiemer tal-qronfol

2.5cm/1in kannella

½ tsp żerriegħa tal-kemmun

200g/7oz basal tar-rebbiegħa, imqatta' fin

1 tsp bżar iswed mitħun

Melħ għat-togħma

200g/7oz puree tat-tadam

300g/10oz ross bil-fwar

1 tsp meraq tal-lumi

Metodu

- Saħħan il-ghee ġo kazzola. Żid il-qronfol, il-kannella u ż-żerriegħa tal-kemmun. Hallihom splutter għal 15-il sekonda.
- Żid il-basal tar-rebbiegħa. Aqlihom għal 4-5 minuti fuq nar medju.
- Ħawwad il-bżar, il-melħ u l-purè tat-tadam. Ttektek għal 2-3 minuti.

- Żid ir-ross. Itfa' t-taħlita sew.

Sofiyani Pulao

(Tiġieġ Drumsticks Pulao)

Isservi 4

Ingredjenti

16 drumstick tat-tiġieġ

3 tbsp lewż, mitħun

3 tbsp khoya*

600g/1lb 5oz ross twil

5 imżiewed tal-kardamomu aħdar

5 imsiemer tal-qronfol

5cm/2in kannella

4 bżar iswed

Melħ għat-togħma

30g/1oz ghee

250ml/8fl oz ħalib

Għall-immarinar:

1 tsp pejst tal-ġinġer

1 tsp pejst tat-tewm

2 chilli aħdar, qasma fit-tul

3 tsp meraq tal-lumi

600g/1lb 5 oz jogurt, imsaffi

Metodu

- Ħallat l-ingredjenti kollha tal-immarinar flimkien u immarina d-drumsticks tat-tiġieġ ma' din it-taħlita għal 30 minuta. Sajjarhom ġo kazzola fuq nar medju għal 20 minuta. Żid il-lewż u khoya. Imwarrab.
- Għalli r-ross bil-kardamomu, il-qronfol, il-kannella, il-bżar u l-melħ. Warrab it-taħlita.
- Ferra l-ghee f'kazzola b'qiegħ oħxon. Irranġa r-ross u t-tiġieġ f'saffi alternattivi. Ferra l-ħalib fuq it-taħlita, issiġilla t-taġen bil-fojl u għatti b'għatu. Ttektek għal 20 minuta. Servi sħun.

Ross Moqli Indjan

Isservi 4

Ingredjenti

2 tbsp żejt veġetali raffinat

1 tsp żerriegħa tal-kemmun

1 basla kbira, imqatta' fin

1 tadam, imqatta' fin

Melħ għat-togħma

300g/10oz ross bil-fwar

Metodu

- Saħħan iż-żejt ġo kazzola. Żid iż-żerriegħa tal-kemmun. Ħallihom splutter għal 15-il sekonda. Żid il-basla u t-tadam. Aqli fuq nar baxx għal 2-3 minuti.
- Żid il-melħ u r-ross. Itfa' r-ross sew għal 2-3 minuti. Servi sħun.

Peshawari Biryani

(Tramuntana ta' Biryani ta' l-Indja)

Isservi 4

Ingredjenti

6 tbsp ghee

3 basal kbar, imqattgħin fin

1 tsp pejst tal-ġinġer

1 tsp pejst tat-tewm

750g/1lb 10oz muntun bla għadam

400g/14oz jogurt

750g/1lb 10oz ross basmati

Melħ għat-togħma

1.4 litri/2¼ pints ilma

12-15 ġewż tal-anakardju

12-15 żbib

12-15 pruna

2 flieli ananas fil-laned, imqatta

2 tsp garam masala

Metodu

- Saħħan il-ghee ġo kazzola. Żid il-basal, il-pejst tal-ġinġer u l-pejst tat-tewm. Aqli din it-taħlita fuq nar medju għal 3-4 minuti.
- Żid il-muntun. Fry għal 25 minuta. Żid l-ingredjenti li jifdal.
- Għatti b'għatu u ħalliha ttektek il-biryani għal 20-25 minuta. Servi sħun.

Dill Pulao

Isservi 4

Ingredjenti

2 tbsp żejt veġetali raffinat

2 basal kbar, imqattgħin fin

1ċm/½in ġinġer għerq, imqatta' fin

1 sinna tat-tewm, imqatta 'b'mod fin

125g/4½ oz jogurt

½ tsp turmeric

Melħ għat-togħma

350g/12oz ross twil

750ml/1¼ pinta ilma sħun

Meraq ta '1 lumi

60g/2oz weraq tax-xibt, imqatta 'b'mod fin

Metodu

- Saħħan iż-żejt ġo kazzola. Żid il-basal u aqlih fuq nar medju sakemm isiru trasluċidi.
- Żid il-ġinġer, it-tewm, il-jogurt, it-turmeric, il-melħ u r-ross. Aqli t-taħlita għal 5 minuti.
- Żid l-ilma sħun. Hawwad għal 12-15-il minuta, ħawwad spiss.
- Żejjen il-pulao bil-meraq tal-lumi u xibt. Servi sħun.

Mutton Pulao

Isservi 6

Ingredjenti

4 tbsp żejt veġetali raffinat

3 basal kbar, imqattgħin fin

675g/1½ lb muntun, imqatta'

2 tadam, imbajda u mqatta

1.25 litru/2½ pints ilma sħun

500g/1lb 2oz ross basmati

1 tbsp ġewż tal-anakardju

1 tbsp żbib

Għat-taħlita tal-ħwawar:

4 imsiemer tal-qronfol

4 imżiewed tal-kardamomu aħdar

2.5cm/1in kannella

1 tsp pejst tal-ġinġer

1 tsp pejst tat-tewm

2 ċajli ħodor, imqattgħin fin

2 tsp kosbor mitħun

½ tsp trab tal-bżar

1 tsp turmeric

Melħ għat-togħma

Metodu

- Saħħan 3 tbsp żejt ġo kazzola. Żid il-basal u aqlih fuq nar medju sakemm isir kannella. Żid it-taħlita tal-ħwawar u aqli għal 10-12-il minuta.
- Żid il-muntun u t-tadam. Sajjar sakemm it-taħlita tkun niexfa. Żid 250ml/8fl oz ilma sħun u sajjar sakemm il-muntun ikun sart. Żid ir-ross u l-ilma li jifdal. Ttektek għal 20 minuta. Imwarrab.
- Saħħan 1 tbsp żejt ġo kazzola u aqli l-anakardju u żbib sakemm kannella.
- Roxx l-anakardju u ż-żbib fuq ir-ross. Servi sħun.

Ghee Chawal

(Ross bil-Ghee)

Isservi 4

Ingredjenti

75g/2½ oz ghee

½ tsp bżar iswed mitħun

Melħ għat-togħma

300g/10oz ross bil-fwar

10g/¼oz weraq mint, imqatta' fin

Metodu

- Saħħan il-ghee ġo kazzola. Aqli l-bżar u l-melħ għal 10 sekondi.
- Ferra' dan fir-ross steamed. Żejjen bil-weraq mint. Servi sħun.

Enn Pongal

(Ross bil-Gram Aħdar Split Inkaljat)

Isservi 4

Ingredjenti

225g/8oz mung dhal*, niexef inkaljat

500g/1lb 2oz ross twil

½ tsp turmeric

Melħ għat-togħma

5-6 tbsp ghee

25 ġewż tal-anakardju

1½ tsp żerriegħa tal-kemmun, imfarrak

½ tsp bżar iswed

15-il weraq tal-curry

2.5cm/1in ġinġer għerq, imqatta' b'mod fin

Metodu

- Għalli d-dhal, ross, turmeric u melħ flimkien għal 30 minuta. Imwarrab.
- Saħħan il-ghee ġo kazzola. Żid il-ġewż tal-anakardju u aqli sakemm isiru kannella dehbi.
- Żid il-kemmun, il-bżar, il-weraq tal-curry u l-ġinġer. Fry għal 20 sekonda.
- Żid din it-taħlita mat-taħlita dhal-ross. Hawwad bil-mod. Servi sħun.

Paneer Pulao

Isservi 4

Ingredjenti

4 tbsp żejt veġetali raffinat

2 basal kbir, imqatta'

1 tsp pejst tal-ġinġer

1 tsp pejst tat-tewm

2 ċajli ħodor, imqattgħin fin

400g/14oz paneer*, imqatta'

400g/14oz purè tat-tadam

375g/13oz ross basmati

Melħ għat-togħma

600ml/1 pinta ilma sħun

1 tbsp weraq tal-kosbor, imqatta'

Metodu

- Saħħan iż-żejt ġo kazzola. Aqli l-basal, il-pejst tal-ġinġer, il-pejst tat-tewm u ċ-chillies aħdar fuq nar medju għal 2 minuti, waqt li tħawwad kontinwament.
- Żid il-paneer u l-purè tat-tadam. Sajjar it-taħlita għal 2-3 minuti.
- Żid ir-ross, il-melħ u l-ilma. Sajjar fuq nar baxx sakemm ir-ross ikun imsajjar.
- Żejjen il-pulao bil-weraq tal-kosbor. Servi sħun.

Ross tal-ġewż tal-Indi

Isservi 4

Ingredjenti

3 tbsp ghee

1 basla kbira, imqatta' fin

6 sinniet tat-tewm, imqattgħin fin

2 imżiewed tal-kardamomu aħdar

2.5cm/1in kannella

2 imsiemer tal-qronfol

4 bżar iswed

300g/10oz ross basmati, mxarrba għal 30 minuta u mxerred

1.2 litri/2 pinti ħalib tal-ġewż

Melħ għat-togħma

Metodu

- Saħħan il-ghee ġo kazzola. Żid il-basla, it-tewm, il-kardamomu, il-kannella, il-qronfol u l-bżar. Aqlihom fuq nar medju għal 3-4 minuti.
- Żid ir-ross imsoff. Hawwad fuq nar medju għal 2-3 minuti.

- Żid il-ħalib tal-ġewż u l-melħ. Ħallat sew u ħalliha ttektek għal 7-8 minuti.
- Għatti b'għatu u sajjar għal 15-il minuta oħra.
- Servi sħun.

Żagħfran Pulao

Isservi 4

Ingredjenti

4 tbsp ghee

1 tsp żerriegħa tal-kemmun

2 weraq tar-rand

375g/13oz ross basmati, mxarrba għal 30 minuta u mxerred

Melħ għat-togħma

750ml/1¼ pinta ilma sħun

1 tsp żagħfran

1 tbsp weraq tal-kosbor, imqatta fin

Metodu

- Saħħan il-ghee ġo kazzola. Żid iż-żerriegħa tal-kemmun u l-weraq tar-rand. Hallihom splutter għal 15-il sekonda.
- Żid ir-ross u l-melħ. Aqli t-taħlita fuq nar medju għal 3-4 minuti.
- Żid l-ilma sħun u ż-żagħfran. Hawwad għal 8-10 minuti jew sakemm ir-ross ikun imsajjar, ħawwad f'intervalli regolari.
- Żejjen bil-weraq tal-kosbor. Servi sħun.

Hallat Ross Dhal

Isservi 4

Ingredjenti

2 tbsp masoor dhal*

2 tbsp urad dhal*

2 tbsp mung dhal*

2 tbsp chana dhal*

500ml/16fl oz ilma

4 tbsp ghee

1 basla kbira, imqatta' fin

1 tsp garam masala

250g/9oz ross basmati, mgħolli

1 tsp turmeric

1 werqa tar-rand

Melħ għat-togħma

250ml/8fl oz ħalib

Metodu

- Ħallat id-dhals kollha flimkien. Sajjarhom bl-ilma ġo kazzola fuq nar medju għal 30 minuta. Imwarrab.
- Saħħan il-ghee ġo kazzola. Żid il-basla u l-garam masala. Aqli fuq nar medju sakemm il-basla tkun trasluċida.
- Żid ir-ross, turmeric, weraq tar-rand u melħ. Ħallat sew. Żid il-ħalib u t-taħlita tad-dhal. Għatti b'għatu u ħalliha ttektek għal 7-8 minuti. Servi sħun.

Kairi Bhaat

(Ross bil-Mango Aħdar)

Isservi 4

Ingredjenti

4 tbsp żejt veġetali raffinat

½ tsp żerriegħa tal-mustarda

Niskata asafoetida

½ tsp turmeric

8 weraq tal-curry

180g/6¼oz karawett inkaljat

1 tsp kosbor mitħun

2 mangi mhux misjur, imqaxxra u maħkuk

Melħ għat-togħma

300g/10oz ross bil-fwar

Metodu

- Saħħan iż-żejt ġo kazzola. Żid iż-żerriegħa tal-mustarda, l-asafoetida, it-turmeric u l-weraq tal-curry. Hallihom splutter għal 15-il sekonda.
- Żid il-karawett, il-kosbor mitħun, il-mango u l-melħ. Aqlihom fuq nar medju għal 5 minuti.
- Żid ir-ross imsajjar u ħawwad il-bhaat bil-mod. Servi sħun.

Gamblu Khichdi

Isservi 4

Ingredjenti

5 tbsp żejt veġetali raffinat

3 basal żgħar, imqattgħin fin

250g/9oz gambli, imnaddfa u mneħħija mill-vini

1 tsp pejst tal-ġinġer

1 tsp pejst tat-tewm

2 tsp kosbor mitħun

1 tsp kemmun mitħun

½ tsp turmeric

375g/13oz ross twil

Melħ għat-togħma

360ml/12fl oz ilma sħun

360ml/12fl oz ħalib tal-ġewż

Metodu

- Saħħan iż-żejt ġo kazzola. Aqli l-basal sakemm ikun trasluċidi.

- Żid il-gambli, pejst tal-ġinġer, pejst tat-tewm, kosbor mitħun, kemmun mitħun u turmeric. Qalji fuq nar medju għal 3-4 minuti.
- Żid l-ingredjenti li jifdal. Ttektek għal 10 minuti. Servi sħun.

Ross tal-Baqta

Isservi 4

Ingredjenti

300g/10oz ross bil-fwar

400g/14oz jogurt

8-10 weraq tal-curry

3 chilli aħdar, qasma fit-tul

Niskata asafoetida

1 tbsp weraq tal-kosbor, imqatta fin

Melħ għat-togħma

2 tsp żejt veġetali raffinat

½ tsp żerriegħa tal-mustarda

¼ tsp żerriegħa tal-kemmun

½ tsp urad dhal*

Metodu

- Maxx ir-ross b'kuċċarina tal-injam. Ħallat mal-jogurt, weraq tal-curry, chillies aħdar, asafoetida, weraq tal-kosbor u melħ. Imwarrab.
- Saħħan iż-żejt ġo kazzola. Żid iż-żerriegħa tal-mustarda, iż-żerriegħa tal-kemmun u l-urad dhal. Hallihom splutter għal 15-il sekonda.
- Ferra din it-taħlita direttament fuq it-taħlita tar-ross. Ħawwad sewwa.
- Servi mkessaħ bil-pickle tal-mango sħun

Tiġieġ u Ross Hotpot

Isservi 4

Ingredjenti

3 tbsp żejt veġetali raffinat

4 imsiemer tal-qronfol

5cm/2in kannella

2 imżiewed tal-kardamomu aħdar

2 weraq tar-rand

3 basal kbar, imqattgħin fin

12 drumstick tat-tiġieġ

½ tsp pejst tal-ġinġer

½ tsp pejst tat-tewm

3 kubi tal-istokk tat-tiġieġ, maħlul f'1.7 litri/3 pinti ilma sħun

½ tsp bżar iswed mitħun frisk

Melħ għat-togħma

500g/1lb 2oz ross basmati

250g/9oz karrotti, imqatta' rqiqa

Metodu

- Saħħan iż-żejt ġo kazzola. Żid il-qronfol, il-kannella, il-kardamomu u l-weraq tar-rand. Ħallihom splutter għal 15-il sekonda.
- Żid il-basal. Sajjar għal 2 minuti. Żid l-ingredjenti kollha li fadal, ħlief ir-ross u l-karrotti. Ħallat sew. Sajjar għal 4-5 minuti.
- Żid ir-ross u l-karrotti, u ħawwad sew. Għatti b'għatu u ħalliha ttektek għal 35-40 minuta. Servi sħun.

Corn Pulao

Isservi 4

Ingredjenti

5 tbsp żejt veġetali raffinat

2 basal żgħar, imqattgħin fin

300g/10oz qlub tal-qamħirrum, mgħollija

2 tsp kosbor mitħun

1 tsp kemmun mitħun

¼ tsp turmeric

125g/4½ oz purè tat-tadam

Melħ għat-togħma

375g/13oz ross basmati

500ml/16fl oz ilma sħun

1 tsp meraq tal-lumi

1 tbsp weraq tal-kosbor, imqatta '

Metodu

- Saħħan iż-żejt ġo taġen. Aqli l-basal fuq nar medju sakemm trasluċidi. Żid l-ingredjenti li jifdal, ħlief ir-ross, l-ilma, il-meraq tal-lumi u l-kosbor. Fry għal 3-4 minuti. Żid ir-ross, l-ilma u l-meraq tal-lumi.
- Ttektek għal 10 minuti. Roxx il-weraq tal-kosbor fuq nett u servi sħun.

Dhansak Ross

(Ross Parsi pikkanti)

Isservi 4

Ingredjenti

60ml/2fl oz żejt veġetali raffinat

2 weraq tar-rand

2 imżiewed tal-kardamomu aħdar

4 bżar iswed

2.5cm/1in kannella

1 tsp zokkor

1 basla kbira, imqatta' fin

375g/13oz ross twil, mxarrba għal 10 minuti u imsoff

Melħ għat-togħma

750ml/1¼ pinta ilma sħun

Metodu

- Saħħan iż-żejt ġo kazzola. Żid il-weraq tar-rand, il-kardamomu, il-bżar, il-kannella u z-zokkor. Ħawwad fuq nar medju sakemm iz-zokkor ikun karamelizzat.
- Żid il-basla u aqli fuq nar medju sakemm issir kannella. Żid ir-ross u ħawwad sakemm ir-ross isir kannella.

- Żid il-melħ u l-ilma sħun. Għatti b'għatu u sajjar għal 10 minuti fuq nar baxx.
- Servi sħun ma' Dhansak

Ross kannella

Isservi 4

Ingredjenti

3 tbsp żejt veġetali raffinat

½ tsp pejst tal-ġinġer

½ tsp pejst tat-tewm

2 basal kbar, kwarti

375g/13oz ross twil, mxarrba għal 30 minuta u imsoff

1 tsp garam masala

600ml/1 pinta ilma sħun

Melħ għat-togħma

Metodu

- Saħħan iż-żejt ġo kazzola. Żid il-pejst tal-ġinġer u l-pejst tat-tewm. Fry għal ftit sekondi.
- Żid il-biċċiet tal-basal u qallihom fuq nar medju għal minuta.
- Żid ir-ross imsoff u garam masala. Sajjar għal 2-3 minuti, ħawwad sew.
- Żid l-ilma sħun u l-melħ. Halli t-taħlita sakemm ir-ross ikun imsajjar.
- Servi sħun.

Mutton Biryani

Isservi 4-6

Ingredjenti

1kg/2¼lb muntun, maqtugħ f'biċċiet ta' 5cm/2in

360ml/12fl oz żejt veġetali raffinat

2 patata kbira, fi kwarti

4 imsiemer tal-qronfol

5cm/2in kannella

3 weraq tar-rand

6 bżar

2 miżwed tal-kardamomu iswed

Melħ għat-togħma

3 tbsp ghee

750g/1lb 10oz ross basmati, mgħolli

Niskata kbira ta 'żagħfran, maħlul f'1 tbsp ħalib

Għall-immarinar:

100g/3½ oz weraq tal-kosbor, mitħun għal pejst

50g/1¾oz weraq mint, mitħun għal pejst

200g/7oz jogurt imsawwat

1½ tsp pejst tal-ġinġer

1½ tsp pejst tat-tewm

3 chilli ħodor, imqattgħin fin

1½ tsp garam masala

1 tsp kemmun mitħun

1 tsp kosbor mitħun

4 basal kbar, imqattgħin u moqlija

Metodu

- Ħallat l-ingredjenti kollha tal-immarinar flimkien u immarina l-muntun b'din it-taħlita matul il-lejl fil-friġġ.
- Saħħan 250ml/8fl oz żejt ġo kazzola. Żid il-patata u aqliha fuq nar medju għal 10 minuti. Ixxotta u warrab.
- Saħħan iż-żejt li jkun fadal f'kazzola kbira. Żid il-qronfol, il-kannella, il-weraq tar-rand, il-bżar u l-kardamomu. Ħallihom splutter għal 30 sekonda.
- Żid il-muntun immarinat u l-melħ. Ħawwad għal 45 minuta, ħawwad kultant. Żid il-patata moqlija. Ħawwad ħafif. Neħħi minn fuq in-nar.
- Ferra l-ghee ġo kazzola. Poġġi t-taħlita tal-laħam u l-patata fil-kazzola. Irranġa r-ross mgħolli f'saff fuq it-taħlita tal-laħam u l-patata.
- Ferra l-ħalib taż-żagħfran fuq nett. Issiġilla bil-fojl u għatti b'għatu issikkat. Sajjar fuq nar baxx għal 20 minuta.
- Servi sħun.

Faada-ni-Khichdi

(Poriġ tal-Qamħ Ikkrekkjat)

Isservi 4

Ingredjenti

125g/4½ oz qamħ imqaxxar

150g/5½ oz mung dhal*

150g/5½ oz masoor dhal*

2 litri/3½ pinti ilma

2 tadam, purè

100g/3½ oz ħaxix imħallat iffriżat

½ tsp turmeric

½ tsp trab tal-bżar

½ tsp kosbor mitħun

½ tsp kemmun mitħun

2 ċajli ħodor, imqattgħin fin

Melħ għat-togħma

4 tbsp ghee

2 imsiemer tal-qronfol

2.5cm/1in kannella

6 bżar iswed

2 weraq tar-rand

8 weraq tal-curry

3 tbsp weraq tal-kosbor, imqatta fin

1 tsp żerriegħa tal-kemmun, inkaljat niexef u mitħun

Metodu

- Hallat il-qamħ imxaqqaq, id-dhals u l-ilma ġo kazzola u ħallih jagħli fuq nar qawwi. Sajjar it-taħlita fuq nar baxx għal 30 minuta.
- Żid il-purè tat-tadam, ħaxix imħallat, turmeric, trab tal-bżar, kosbor mitħun, kemmun, chilli u melħ. Hawwad sew u ħalliha ttektek għal 5 minuti.
- Saħħan il-ghee f'taġen żgħir. Żid il-qronfol, il-kannella, il-bżar, il-weraq tar-rand u l-weraq tal-curry. Hallihom splutter għal 15-il sekonda.
- Ferra' dan it-taħwir fit-taħlita tal-qamħ imsajjar u ħalliha ttektek għal 3-5 minuti.
- Żejjen il-khichdi bil-weraq tal-kosbor u kemmun mitħun. Servi sħun.

Urad Dhal Roti

(Hobż tal-Gram Iswed maqsum)

Jagħmel 15

Ingredjenti

600g/1lb 5oz urad dhal*, mxarrba matul il-lejl

2 tbsp ghee

1 tsp turmeric

1 tsp trab tal-ġinġer

1 tsp kosbor mitħun

¼ tsp trab tal-bżar

350g/12oz dqiq abjad sempliċi

1 tsp anardana mgħaffeġ*

2 tbsp weraq tal-kosbor, imqatta fin

3 chilli ħodor, imqattgħin fin

1 basla żgħira, maħkuka

Melħ għat-togħma

120ml/4fl oz ilma

Metodu

- Ixxotta d-dhal u ithan għal pejst oħxon.
- Saħħan il-ghee f'taġen. Żid il-pejst tad-dhal flimkien mat-turmeric, it-trab tal-ġinġer, il-kosbor u t-trab taċ-chilli. Aqli fuq nar medju għal 4-5 minuti. Kessaħ għal 5 minuti u aqsam fi 15-il porzjon. Imwarrab.
- Knead l-ingredjenti kollha li fadal biex tifforma għaġina iebsa. Aqsam fi 15-il ballun u irrombla f'diski, b'dijametru ta' 10cm/4in.
- Poġġi porzjon tat-taħlita dhal fuq kull diska, issiġilla u erġa' erfa f'diski, b'dijametru ta' 15cm/6in.
- Griż u saħħan taġen ċatt. Sajjar roti sakemm in-naħa ta' taħt tkun kannella. Aqleb u rrepeti. Sajjar kull naħa darbtejn.
- Irrepeti għall-bqija tar-rotis.
- Servi sħun.

Murgh-Methi-Malai Paratha

(Ħobż Moqli tat-Tiġieġ u Fenugreek)

Jagħmel 14

Ingredjenti

4 tsp żejt veġetali raffinat

½ tsp żerriegħa tal-kemmun

6 sinniet tat-tewm, imqattgħin fin

1 basla kbira, imqatta' fin

4 chillies ħodor, imqattgħin fin

1ċm/½in ġinġer għerq, imqatta' fin

½ tsp trab tal-bżar

½ tsp garam masala

200g/7oz tiġieġ, ikkapuljat

60g/2oz weraq tal-fenugreek frisk, imqatta 'b'mod fin

1 tsp meraq tal-lumi

1 tbsp weraq tal-kosbor, imqatta fin

750g/1lb 10oz dqiq sħiħ

Melħ għat-togħma

360ml/12fl oz ilma

Ghee għall-grass

Metodu

- Saħħan nofs iż-żejt ġo kazzola. Żid iż-żerriegħa tal-kemmun, it-tewm, il-basla, il-bżar aħdar, il-ġinġer, it-trab tal-bżar u l-garam masala. Ħallihom splutter għal 30 sekonda.
- Żid it-tiġieġ, il-fenugreek, il-meraq tal-lumi u l-weraq tal-kosbor. Ħallat sew. Sajjar fuq nar medju għal 30 minuta, ħawwad kultant. Imwarrab.
- Għaġna d-dqiq, il-melħ u ż-żejt li jifdal mal-ilma biex tifforma għaġina iebsa. Aqsam f'14-il ballun u irrombla f'diski ta' dijametru ta' 10cm/4in.
- Poġġi mgħarfa mit-taħlita tat-tiġieġ fuq kull diska, issiġilla u ermi bir-reqqa f'diski ta' 12.5cm/5in dijametru.
- Saħħan taġen ċatt u sajjar paratha fuq nar baxx sakemm in-naħa ta' taħt tkun kannella ċar. Idlek ftit ghee fuq nett, aqleb u rrepeti. Sajjar kull naħa darbtejn.
- Irrepeti għall-parathas li jifdal. Servi sħun.

Meethi Puri

(Hobż Minfuħ Helu)

Jagħmel 20

Ingredjenti

250g/9oz zokkor

60ml/2fl oz ilma sħun

350g/12oz dqiq abjad sempliċi

2 tbsp ghee

1 tbsp jogurt Grieg

Melħ għat-togħma

Żejt veġetali raffinat għall-qali fil-fond

Metodu

- Sajjar iz-zokkor u l-ilma ġo kazzola fuq nar medju sakemm tikseb konsistenza ta' ħajta waħda. Imwarrab.
- Hallat l-ingredjenti kollha li jifdal, ħlief iż-żejt, flimkien. Sajjar fi kazzola fuq nar medju għal 3-4 minuti. Knead f'għaġina iebsa.
- Aqsam f'20 ballun. Irrombla f'diski, b'dijametru ta' 7.5cm/3in.

- Saħħan iż-żejt. Aqli l-puris fuq nar medju sa kannella dehbi.
- Ixxotta u itfa l-puris moqlija fil-ġulepp taz-zokkor. Servi sħun.

Kulcha

(Hobż Ċatt Moħmi)

Jagħmel 8

Ingredjenti

1 tsp ħmira niexfa, maħlula f'120ml/4fl oz ilma sħun

½ tsp melħ

90ml/3fl oz ilma

350g/12oz dqiq abjad sempliċi

1 tsp bikarbonat tas-soda

60ml/2fl oz ħalib sħun

4 tbsp krema qarsa

1 tbsp żejt veġetali raffinat

Ghee għall-grass

Metodu

- Ħallat il-ħmira mal-melħ. Imwarrab għal 10 minuti.
- Knead bl-ingredjenti kollha li fadal, ħlief il-ghee, biex tifforma għaġina soda. Għatti b'ċarruta mxarrba. Imwarrab għal 5 sigħat.
- Aqsam fi 8 blalen u irrombla f'forom ta' dmugħ.
- Griż u saħħan taġen ċatt. Sajjar kull kulcha fuq nar baxx għal minuta. Aqleb u rrepeti. Servi sħun.

Tewm u Ġobon Naan

(Ħobż Naan Tewm u Ġobon)

Jagħmel 8

Ingredjenti

15-il sinna tat-tewm, imqatta 'b'mod fin

85g/3oz ġobon Cheddar, maħkuk

350g/12oz dqiq abjad sempliċi

¼ tsp trab tal-ħami

1 tbsp ħmira niexfa, maħlula f'120ml/4fl oz ilma sħun

2 tbsp jogurt sempliċi

2 tbsp zokkor

Melħ għat-togħma

120ml/4fl oz ilma

Żejt veġetali raffinat għall-grass

Metodu

- Knead l-ingredjenti kollha flimkien biex tifforma għaġina.
- Griż u saħħan taġen ċatt. Ifrex kuċċarina kbira tal-batter bħal pancake oħxon.
- Sajjar sakemm in-naħa ta' taħt tkun kannella. Aqleb u rrepeti.
- Irrepeti għall-batter li jifdal. Servi sħun.

Tri-flour Roti

Jagħmel 14

Ingredjenti

175g/6oz dqiq sħiħ

175g/6oz dqiq tas-sojja

175g/6oz dqiq tal-millieġ

1 tsp kosbor mitħun

½ tsp kemmun mitħun

½ tsp trab tal-bżar

½ tsp turmeric

2 tsp żejt veġetali raffinat

Melħ għat-togħma

250ml/8fl oz ilma

Metodu

- Knead l-ingredjenti kollha biex tifforma għaġina flessibbli.
- Aqsam f'14-il ballun u irrombla f'diski b'dijametru ta' 15cm/6in.
- Saħħan taġen ċatt u sajjar kull roti fuq iż-żewġ naħat, aqleb kull 30 sekonda, sakemm kull naħa tkun kannella dehbi.

- Servi sħun.

Sheera Chapatti

(Hobż Ċatt tas-Smid Helu)

Jagħmel 10

Ingredjenti

350g/12oz dqiq abjad sempliċi

250ml/8fl oz ilma

3 tbsp ghee

150g/5½ oz smid

250g/9oz jaggery*, maħkuk

1 tbsp kardamomu aħdar mitħun

Metodu

- Knead id-dqiq b'nofs l-ilma biex tifforma għaġina iebsa. Aqsam f'10 blalen. Imwarrab.
- Saħħan nofs tbsp ghee ġo kazzola. Aqli s-smid fuq nar medju sa kannella dehbi. Żid l-ilma li jifdal u ħawwad sakemm jevapora.
- Żid il-jaggery u l-kardamomu. Hallat sew u sajjar għal 3-4 minuti.
- Kessaħ it-taħlita għal 10 minuti, imbagħad aqsam f'10 porzjonijiet.

- Iċċattja kull ballun tal-għaġina u poġġi porzjon tas-smid fiċ-ċentru ta' kull waħda. Issiġilla u irrombla f'diski b'dijametru ta' 12.5cm/5in.
- Griż u saħħan taġen ċatt. Sajjar chapatti fuq nar baxx sakemm in-naħa ta' taħt tkun kannella dehbi.
- Idlek ftit ghee fuq nett, aqleb u rrepeti. Sajjar kull naħa darbtejn.
- Irrepeti għax-chapattis li jifdal. Servi sħun.

Bhakri

(Ħobż Ċatt Sempliċi)

Jagħmel 8

Ingredjenti

350g/12oz dqiq tal-millieġ

Melħ għat-togħma

120ml/4fl oz ilma sħun

1 tbsp żerriegħa ajowan

Metodu

- Knead l-ingredjenti kollha biex tifforma għaġina ratba. Aqsam fi 8 blalen u patt biex iċċattja f'diski b'dijametru ta' 15cm/6in.
- Saħħan tagen ċatt, poġġi bhakri fuq it-tagen u ferrex tsp ilma fuqha. Aqleb u sajjar sakemm in-naħa ta' taħt tkun kannella. Sajjar kull naħa darbtejn.
- Irrepeti għall-bhakri li fadal. Servi sħun.

Chapatti

(Ħobż Minfuħ moħmi fit-taġen)

Jagħmel 10

Ingredjenti

350g/12oz dqiq sħiħ

½ tsp melħ

2 tsp żejt veġetali raffinat

120ml/4fl oz ilma

Metodu

- Knead l-ingredjenti kollha biex tifforma għaġina ratba u flessibbli.
- Aqsam f'10 blalen. Irrombla b'rolling pin miksi bid-dqiq f'diski rqaq bħal tortilla.
- Griż u saħħan taġen ċatt. Ferrex chapatti fuq it-taġen u sajjar fuq nar baxx sakemm in-naħa ta' taħt tkun kannella ċar. Aqleb u rrepeti.
- Irrepeti għall-bqija tax-chapattis.
- Servi sħun.

Ross u Coconut Roti

(Ross u Ħobż tal-Coconut)

Jagħmel 8

Ingredjenti

175g/6oz dqiq tar-ross

25g/scant 1oz weraq tal-kosbor, imqatta fin

60g/2oz coconut frisk, maħkuk

1 tsp żejt veġetali raffinat

1 tsp żerriegħa tal-kemmun

Melħ għat-togħma

90ml/3fl oz ilma sħun

Metodu

- Knead l-ingredjenti kollha flimkien biex tifforma għaġina flessibbli. Aqsam fi 8 blalen. Irrombla f'diski b'dijametru ta' 15cm/6in.
- Saħħan taġen ċatt u sajjar roti fuq nar baxx sakemm in-naħa ta' taħt tkun kannella.
- Idlek ftit żejt fuq nett, aqleb u rrepeti. Sajjar kull naħa darbtejn.
- Irrepeti għar-rotis li fadal. Servi sħun.

Bajda Paratha

(Hobż moqli bil-bajd)

Jagħmel 10

Ingredjenti

350g/12oz dqiq sħiħ

120ml/4fl oz ilma

4 bajd, imħallta

1 basla żgħira, imqatta' fin

4 chillies ħodor, imqattgħin fin

10g/¼oz weraq tal-kosbor, imqatta' fin

1 tadam, imqatta' fin

¾ tsp melħ

150ml/5fl oz żejt veġetali raffinat

Metodu

- Knead id-dqiq mal-ilma biex tifforma għaġina soda. Aqsam f'10 blalen. Irrombla f'10 diski ta' dijametru ta' 15cm/6in.
- Ħallat l-ingredjenti li jifdal, ħlief iż-żejt, flimkien. Imwarrab.

- Saħħan taġen ċatt u sajjar paratha fuq nar baxx għal 2-3 minuti. Aqleb u ferrex 1 tbsp tat-taħlita tal-bajd fuq in-naħa msajra tad-diska. Ferra 1 tbsp żejt fuqha.
- Aqleb bil-mod u sajjar, in-naħa tal-bajd 'l isfel, għal 30 sekonda. Neħħi bir-reqqa mit-taġen ċatt bi spatula.
- Irrepeti għall-parathas li jifdal. Servi sħun.

Onion Paneer Kulcha

(Ħobż Moħmi Mimli bil-Basla u l-Paneer)

Jagħmel 8

Ingredjenti

300g/10oz ġobon tal-mogħoż artab, imsaffi

1 basla żgħira, imqatta' fin

2 ċajli ħodor, imqattgħin fin

1 tbsp weraq tal-kosbor, imqatta'

½ tbsp butir

Melħ għat-togħma

8 kulchas

Metodu

- Ħallat l-ingredjenti kollha, minbarra l-kulchas, flimkien. Aqsam it-taħlita fi 8 porzjonijiet.
- Ifrex porzjon fuq kull kulcha u aħmi f'forn f'200°C (400°F, Gas Mark 6) għal 3 minuti. Servi sħun.

Gobi Paratha

(Ħobż Moqli Mimli bil-Kaboċċa)

Jagħmel 10

Ingredjenti

1 kaboċċa żgħira, maħkuka fin u steamed ħafif

350g/12oz dqiq sħiħ

2 tsp żejt veġetali raffinat

½ tsp pejst tal-ġinġer

½ tsp pejst tat-tewm

1 tsp kosbor mitħun

1 tsp kemmun mitħun

½ tsp żerriegħa ajowan

¾ tsp melħ

120ml/4fl oz ilma

Ghee għall-grass

Metodu

- Knead l-ingredjenti kollha, ħlief il-ghee, biex tifforma għaġina soda. Aqsam f'10 blalen. Irrombla f'diski ta' dijametru ta' 15cm/6in.
- Saħħan taġen ċatt. Sajjar paratha fuq nar baxx għal 3 minuti. Idlek ftit ghee fuq nett. Aqleb u rrepeti. Irrepeti għall-bqija tal-parathas.

Dqiq Imħallat Roti

Jagħmel 10

Ingredjenti

250g/9oz dqiq tal-millieġ

250g/9oz dqiq sħiħ

85g/3oz dqiq abjad sempliċi

1 tsp kosbor mitħun

1 tsp kemmun mitħun

50g/1¾oz jogurt

1 tsp trab tal-bżar

½ tsp turmeric

1 tsp melħ

120ml/4fl oz ilma

Ghee għall-grass

Metodu

- Knead l-ingredjenti kollha, ħlief il-ghee, biex tifforma għaġina iebsa.
- Aqsam f'10 blalen u irrombla f'diski b'dijametru ta' 12.5cm/5in.
- Saħħan taġen ċatt u sajjar roti sakemm in-naħa ta' taħt issir kannella.
- Idlek ftit ghee fuq nett. Aqleb u rrepeti.
- Irrepeti għar-rotis li fadal. Servi sħun.

Theplas

(Hobż Ċatt tal-Fnugreek)

Jagħmel 10-12

Ingredjenti

50g/1¾oz weraq tal-fenugreek frisk

¾ tbsp melħ

175g/6oz dqiq sħiħ

125g/4½ oz besan*

1 tsp kosbor mitħun

1 tsp kemmun mitħun

1 tsp trab tal-bżar

1 tbsp jogurt

2 tbsp żejt veġetali raffinat

120ml/4fl oz ilma

Ghee għall-grass

Metodu

- Qatta' l-weraq tal-fenugreek u ħallat mal-melħ. Imwarrab għal 10 minuti. Ixxotta u agħfas l-ilma żejjed.
- Knead mal-bqija tal-ingredjenti, ħlief il-ghee, biex tifforma għaġina soda. Aqsam f'10-12-il ballun. Irrombla f'diski b'dijametru ta' 15cm/6in.
- Saħħan taġen ċatt. Sajjar thepla fuq nar baxx sa kannella dehbi. Ferrex ftit ghee fuq nett. Aqleb u rrepeti. Irrepeti għall-bqija tat-theplas. Servi sħun.

Puri

(Ħobż Minfuħ Moqli)

Jagħmel 20

Ingredjenti

350g/12oz dqiq sħiħ

120ml/4fl oz ilma

4 tsp żejt veġetali raffinat flimkien ma 'żejjed għall-qali fil-fond

Metodu

- Knead id-dqiq, l-ilma u 4 tbsp żejt biex jiffurmaw għaġina iebsa. Imwarrab għal 10 minuti.
- Aqsam l-għaġina f'20 ballun. Irrombla f'diski b'dijametru ta' 10cm/4in.
- Saħħan iż-żejt ġo kazzola u aqli l-puris, tnejn kull darba, fuq nar medju sakemm jintefħu. Aqleb u aqli sa kannella dehbi.
- Irrepeti għall-puris li fadal.
- Ixxotta fuq karta assorbenti. Servi sħun.

Curry tat-Tiġieġ Sempliċi

Isservi 4

Ingredjenti

2 tbsp żejt veġetali raffinat

2 basal kbir, imqatta'

½ tsp turmeric

1 tsp pejst tal-ġinġer

1 tsp pejst tat-tewm

6 chilli aħdar, imqatta'

750g/1lb 10oz tiġieġ, imqatta' fi 8 biċċiet

125g/4½ oz jogurt

125g/4½ oz khoya*

Melħ għat-togħma

50g/1¾oz weraq tal-kosbor, imqatta' fin

Metodu

- Saħħan iż-żejt ġo kazzola. Żid il-basal. Aqli sakemm isiru trasluċidi.

- Żid it-turmeric, il-pejst tal-ġinġer, il-pejst tat-tewm u ċ-chillies aħdar. Aqli fuq nar medju għal 2 minuti. Żid it-tiġieġ u aqli għal 5 minuti.

- Żid il-jogurt, il-khoya u l-melħ. Ħallat sewwa. Għatti b'għatu u sajjar fuq nar baxx għal 30 minuta, ħawwad kultant.

- Żejjen bil-weraq tal-kosbor. Servi sħun.

Curry tat-Tiġieġ Qassam

Isservi 4

Ingredjenti

1kg/2¼lb tiġieġ, imqatta' fi 8 biċċiet

Melħ għat-togħma

½ tsp turmeric

4 tbsp żejt veġetali raffinat

3 basal, imqatta 'b'mod fin

8 weraq tal-curry

3 tadam, imqatta 'b'mod fin

1 tsp pejst tal-ġinġer

1 tsp pejst tat-tewm

1 tbsp kosbor mitħun

1 tsp garam masala

1 tbsp pejst tamarind

½ tbsp bżar iswed mitħun

250ml/8fl oz ilma

Metodu

- Immarina l-biċċiet tat-tiġieġ bil-melħ u t-turmeric għal 30 minuta.

- Saħħan iż-żejt ġo kazzola. Żid il-basal u l-weraq tal-curry. Aqli fuq nar baxx sakemm il-basal ikun trasluċidu.

- Żid l-ingredjenti kollha li fadal u t-tiġieġ immarinat. Hallat sew, għatti b'għatu u ħalliha ttektek għal 40 minuta. Servi sħun.

www.ingramcontent.com/pod-product-compliance
Lightning Source LLC
Chambersburg PA
CBHW071238080526
44587CB00013BA/1677